꿈을 찾아
런던으로 떠났습니다

꿈을 찾아 런던으로 떠났습니다
11년 차 개발자의 디자인 유학기

초 판 1쇄 2025년 06월 26일

지은이 최지훈
펴낸이 류종렬

펴낸곳 미다스북스
본부장 임종익
편십상 이나경, 심가영
디자인 임인영, 윤가희
책임진행 이예나, 김요섭, 안채원, 김은진, 이예준

등록 2001년 3월 21일 제2001-000040호
주소 서울시 마포구 양화로 133 서교타워 711호
전화 02) 322-7802~3
팩스 02) 6007-1845
블로그 http://blog.naver.com/midasbooks
전자주소 midasbooks@hanmail.net
페이스북 https://www.facebook.com/midasbooks425
인스타그램 https://www.instagram.com/midasbooks

© 최지훈, 미다스북스 2025, *Printed in Korea.*

ISBN 979-11-7355-295-3 03810

값 20,000원

※ 파본은 구입하신 서점에서 교환해드립니다.
※ 이 책에 실린 모든 콘텐츠는 미다스북스가 저작권자와의 계약에 따라 발행한 것이므로 인용하시거나 참고하실 경우 반드시 본사의 허락을 받으셔야 합니다.

미다스북스는 다음세대에게 필요한 지혜와 교양을 생각합니다.

· 11년 차 개발자의 디자인 유학기 ·

꿈을 찾아
런던으로 떠났습니다

최지훈

미다스북스

프롤로그　7

CHAPTER 1

Road to London: 결심부터 합격까지

유학할 결심　13
군복무보다 길었던 포트폴리오 준비 과정　18
처음 뵙겠습니다, 아이엘츠님　25
이쯤 되면 퇴마사가 필요하다　28
전공 선택과 지원 과정, 그리고 합격의 순간　32

CHAPTER 2

출국 전에 끝내야 할 미션들

미리미리 확인, 종합 건강 검진　45
병원과 약국 투어　47
삐빅 학생입니다　49
국가에 대한 의무 면제 신청　53
현실적인 예산과 재정 계획　55
언제 어떻게 될지 모르니까, 여행자 보험　59
낯설지만 편리한 영국의 금융 시스템　62
속 터지는 통신사 경험　66

CHAPTER 3

RCA에서의 하루하루

MRes 프로그램 개요　73

1학기: 적응과 탐색　76

2학기: 심화와 확장　90

3학기: 마무리　97

현장 학습　102

캠퍼스 투어　108

SustainLab 전시회　124

RCA 한인회와 네트워킹　129

이웃 학교, 임페리얼 칼리지 런던　132

CHAPTER 4

런던에 살어리랏다

현실적인 집 구하기 과정　139

살기 좋은 동네와 집 찾는 팁　146

우리 동네 치지크　151

인터넷 설치의 우여곡절　159

오늘은 뭐 먹지? 유학생의 밥상　162

치지크 미식 탐방기　166

CHAPTER 5

런던을 즐기는 방법

도심 속 자연을 걷다 177
100개의 전시, 깊어진 시선 189
클래식, 이제는 조금 알 것도 같은 211
뜨겁게 울려 퍼진 음악, 오투 아레나의 떼창 216
응원과 환호, 그리고 힐링의 순간들 219
테니스의 성지, 윔블던에서의 하루 241
런던을 달리다 248
짐은 가벼웠지만, 경험은 묵직했다 251

CHAPTER 6

런던과 이별하는 중

RCA 졸업식, 또 하나의 끝 267
보증금 반환, 끝까지 받는다 273

에필로그 278

프롤로그

새로운 도전,
그리고 런던

비행기 창밖으로 보이는 런던의 야경이 점점 희미해졌다. 410일 동안 살아온 도시가 다시 낯선 풍경이 되어 멀어지는 순간, 이제는 정말 끝이라는 실감이 들었다. 익숙했던 거리, 매일 지나던 골목, 평범했던 일상들이 한순간에 과거가 되어가고 있었다. 나는 이 여정을 어떻게 기억하게 될까. 그리고 이 선택이 내 삶을 어떻게 바꿔놓을까.

처음부터 유학을 계획했던 것은 아니었다. 10년 넘게 한 회사에서 개발자로 일하며 안정적인 삶을 살았다. 예측 가능한 하루, 반복되는 업무, 익숙한 사람들 사이에서 살아가면서도 마음 한편에는 설명하기 어려운 결핍이 자리 잡고 있었다. 더 늦기 전에 새로운 길을 찾아야 한다는 생각은 점점 커졌고 결국 전혀 다른 세계에 발을 들이게 되었다.

디자인과 창작에 관한 관심은 오래전부터 있었다. 어린 시절에는 자동차 디자이너를 꿈꿨고 성인이 된 후에도 주말마다 공예 작업을 이어갔다. 하지만 그저 취미였을 뿐이다. 그러다 문득, "지금이라면 해볼 수 있지 않을까?"라는 생각이 들었다.

성인이 된 뒤로 긴 휴식을 가져본 적이 없었다. 대학과 군대 그리고 직장. 16년 넘는 시간 동안 단 한 번도 쉬지 않았다. 어쩌면 나 자신에게 안식년을 허락하고 싶었던 것 같다. 한 번쯤은 쉬어가도 괜찮다고. 만약 나에게 1년이라는 시간이 주어진다면 어떻게 보내는 것이 나다운 쉼일지 상상해 봤다.

구체적인 계획이 있었던 건 아니지만, 나의 버킷 리스트는 항상 묵직했다. 한 번쯤은 관심만 두었던 디자인을 공부해 보고 싶었다. 늘 아쉬움이 남았던 영어 공부도 제대로 하고 싶었다. 해외에서 오랜 기간 머물며 현지의 삶을 직접 살아보고 싶었고, 조금 더 욕심을 내자면 프리미어리그 경기를 실컷 보고 유럽 곳곳을 여행해 보고 싶었다. 그 모든 걸 단 한 번에 충족시켜 줄 수 있는 길은 바로 "영국 석사 유학"이었다.

영국은 대부분 석사 과정이 1년 3학기제로 짧고 밀도 있게 구성되어 있고 축구 팬에게는 축구를 즐기기에 이상적인 환경이었다. 유럽과 영국 전역을 여행하기 좋은 위치, 그리고 무엇보다 왕립예술대학(Royal College of Art)과 런던예술대학(University of the Arts London) 같은 세계적인 예술학교들이 자리한 도시, 런던.

물론 그 꿈을 이루려면 먼저 그곳의 예술대학에 입학해야 했다. 그렇게 나의 여정은 시작되었다. 막막했지만 일단 시작했다. 회사를 다니는 틈틈이 유학 미술학원에 다니며 포트폴리오를 준비했고 영어 공부도 했다. 낯선 길을 향한 첫걸음은 두려웠지만, 점점 확신이 생겼다. 2년 2개월의 준비 끝에 목표했던 학교들에 합격했고 안정적인 삶과 가족을 뒤로한 채 홀로 런던으로 향했다.

유학 생활은 생각보다 훨씬 복잡하고 도전적인 과정이었다. 언어의 장벽, 익숙하지 않은 교육 방식, 새로운 환경과 관계들. 때로는 기대와 다른 현실에 실망하기도 했고 더딘 성장에 불안하기도 했다. 하지만 그 모든 순간이 나를 변화시키는 계기가 되었다. 익숙함에서 벗어나 낯선 것을 받아들이고 예측할 수 없는 미래를 견디는 법을 배웠다. 런던에서의 석사 유학은 오랜 바람을 실현한 시간이었다. 나의 버킷 리스트를 잠시나마 가볍게 만들어준 한 해. 그리고 누구나 한 번쯤 상상해 봤을 그 삶을 현실로 만들어 간 시간.

이 책은 안정적인 삶을 뒤로하고 새로운 가능성을 찾아 나선 한 사람의

프롤로그

기록이다. 유학을 준비하며 마주한 고민, 낯선 환경 속에서 겪은 도전과 배움, 그리고 그 과정을 통해 변화해 가는 모습이 익숙한 길을 벗어나고 싶지만 망설이고 있는 누군가에게 작은 용기와 영감이 되길 바란다.

CHAPTER 1

Road to London:
결심부터 합격까지

유학할 결심

어느 한순간 유학을 결심한 것은 아니었다. 개발자로 일한 지 7년쯤 되었을 무렵부터 서서히 미래에 대한 고민을 시작했다. 아내와 서로의 성장과 앞으로의 삶에 대해 자주 이야기를 나눴고 이상적인 모습을 함께 그려보며 현실적으로 어떤 준비가 필요할지 고민했다. 스스로에게 이런 질문을 던지게 되었다.

"과연, 내가 개발자로서 커리어를 계속 이어갈 수 있을까?"

비전공자 출신 개발자로서 언젠가 이 길의 끝이 다가올지도 모른다는 불안은 늘 마음 한편에 자리하고 있었다. 한 제품을 7년 가까이 전담하며 개발과 운영을 맡았지만, 잦은 조직 개편 속에서 나의 입지는 항상 불안정했고 고과나 평판에서도 인정보다는 동정에 가까운 평가를 받는 듯한 기분이 들었다. 상사에게 지속적으로 제품 운영에 대해 개선을 요청했고 나 역시 변화를 만들기 위해 노력했다. 하지만 몇 년이 지나도 바뀌는 것은 없었다. 일에서 얻는 즐거움은 점차 사라졌고 동시에 앞으로의 커리어에 대한 고민은 더욱 깊어졌다.

코로나19 팬데믹 시기, 외부 활동이 줄어든 덕분에 자연스럽게 나 자신을 돌아보는 시간이 많아졌다. 고민만 하며 시간을 보낼 수는 없겠다는 생각에 뭐라도 시작해 보기로 했다. 가장 먼저 시작한 것은 영어 회화였다. 당장 뚜렷한 목적이 있었던 것은 아니지만, 적어도 내가 좋아하는 것과 하고 싶은 것이 무엇인지 깊이 고민해 보고자 했다. 직장인이 된 이후로 이렇게까지 나 자신에 대해 진지하게 생각해 본 적이 없었다. 직업도 있고 결혼도 했으며 나름 안정적인 삶을 살아왔기에 무엇인가를 간절히 갈망해 본 지도 오래되었다. 생각을 거듭하다 보니 기억은 자연스레 어린 시절로 거슬러 올라갔다. 초등학생 시절, 나는 자동차 디자이너를 꿈꾸며 자동차 그림 그리기를 좋아했다. 미술학원에 가는 걸 가장 즐거워했고 자동차 잡지를 정기 구독하며 디자인 렌더링 책을 사서 보기도 했다.

중학생이 된 뒤 입시 미술 학원에 다니고 싶다는 열망으로 이어졌다. 애니메이션이나 디지털 미디어 분야를 배우고 싶어 특성화 고등학교 진학을 꿈꿨지만, 부모님은 인문계 고등학교에 진학하길 원하시며 허락하지 않으셨다. 부모님과 선생님의 반대, 그리고 여러 현실적인 여건을 고려해 결국 일반 인문계 고등학교에 진학했고 그 뒤로 미술에 관한 관심은 점차 멀어졌다. 그렇게 잊고 지냈던 어린 시절의 기억들이 다시 하나둘 떠올랐다.

"내가 이런 걸 좋아했었는데 지금이라도 해볼 수 있을까? 현실적으로 가능할까?"

이 질문을 시작으로 디자인 분야로의 커리어 전환을 진지하게 고민하기 시작했다.

회사에 입사한 지 3년쯤 되었을 무렵, 매일 계속되는 야근과 주말 근무에 피로가 쌓였고 그로 인한 스트레스로 정신적인 소진도 심해졌다. 이런 삶에 익숙해지는 것을 경계하고 싶었다. 나 자신을 위한 무언가를 해야겠다고 마음먹었고 오래도록 이어갈 수 있는 취미 생활을 찾기 시작했다. 특히 디지털 기기나 전자제품에서 벗어나 손으로 직접 몰입할 수 있는 아날로그적인 공예 활동에 끌렸다. 여러 가지를 고민한 끝에 가죽공예 수업에 등록했다.

2015년 봄부터 가죽공예 공방에 다니기 시작해 약 5년 동안 매주 토요일마다 공방과 집을 오가며 작업을 이어갔다. 토요일이면 밤을 새워 바느질에 몰두할 정도로 언제나 즐겁게 작업했다. 시중 제품을 따라 만들어보기도 하고 직접 디자인하기도 했다. 스케치부터 패턴 제작, 재료 구매, 재단, 바느질, 마감까지 가죽 제품 제작의 전 과정을 두루 경험하면서 손으로 무언가를 만들어내는 일이 얼마나 즐겁고 나에게 잘 맞는지 새삼 깨달았다. 가죽공예는 단순한 취미를 넘어 공예와 디자인에 대한 깊은 관심을 되살리는 계기가 되었다.

GUI(Graphic User Interface) 개발자로 일하면서 사용자 경험(User Experience, UX)을 접할 기회가 많았다. 기능을 개발하거나 화면을 구성할 때는 물론, 아이콘 하나를 바꾸는 작업조차 UX 부서와 논의가 필요했다. 하지만 그들은 도메인 지식이 부족했고 이를 설명하고 조율하는 일이 반복됐다. 그러다 보니 "차라리 도메인 지식과 실무 경험이 있는 내가 직접 UX를 다룬다면 더 나은 결과를 낼 수 있지 않을까?" 하는 생각이 들었다. 개발자로서의 논리적 사고와 기술적 이해를 바탕으로 UX를 설계하면 새로운 시각을 더할 수 있을 것 같았다.

미술과 디자인에 대한 경험을 되짚을수록 이 분야를 더 깊이 알고 싶고 그 안으로 들어가고 싶다는 열망이 점점 커졌다. 이때부터 디자인 관련 석사 진학을 진지하게 고민하기 시작했다. 처음에는 국내 대학의 석사 과정을 고려했다. 아내를 통해 영국에서 석사 과정을 마친 뒤 커리어를 전환한 사람들을 만날 기회가 있었다. 그들은 유학을 통해 어떤 경험을 했는지, 이후 삶이 어떻게 달라졌는지 생생하게 들려주었고 그들의 이야기는 내게 또 다른 가능성처럼 다가왔다. 늦게 시작하는 만큼 더 확실한 학력과 경험을 쌓고 싶었다. 그렇게 유학이라는 선택지를 진지하게 들여다보기 시작했다.

가장 먼저 궁금했던 것은 나와 비슷한 사례가 있는지였다. 하지만 주변은 물론 온라인에서도 비전공자가 디자인 유학을 마친 뒤 경력을 전환한 사례를 찾기는 쉽지 않았다. 대신 검색을 거듭하며 영국 런던의 예술대학들이 자주 언급된다는 것을 알게 되었다. 입학을 위해서는 포트폴리오가 필수였고 이를 준비하기 위해 학원에 다니기로 했다. 사교육의 중심지이자 교통이 편리한 강남역 인근 학원들을 중심으로 홈페이지, 블로그, 인스타그램까지 꼼꼼히 비교한 끝에 가장 체계적으로 운영되고 신뢰가 느껴졌던 "메리메리 아트 인스티튜트(이하 메리메리)"에 상담을 신청했다. 2020년 12월 말, 첫 상담을 받았다.

군복무보다 길었던
포트폴리오 준비 과정

메리메리 원장님과의 상담이 있던 날. 학원에 가기 위해 강남역 11번 출구로 나서는데 평소에도 자주 오가던 곳에서 낯선 문구 하나가 눈에 들어왔다.

"꿈과 희망을 실천하는 도시 서울"

왠지 그날따라 그 문구가 나를 향해 말하는 것처럼 느껴졌다. 원장님은 내가 이곳까지 오게 된 과정을 들으신 뒤, 가장 먼저 왕립예술대학(Royal College of Art, 이하 RCA)을 언급하셨다. RCA는 QS 대학 순위에서 예술·디자인 분야 꾸준히 세계 1위를 유지해 왔고, "로열(Royal)"이라는 칭호 덕분에 인지도 면에서도 가장 확실한 학교라고 설명하셨다. 명성은 쉽게 무너지지 않기에, 늦은 나이에 시작하는 나로서는 굳이 하향 지원할 이유가 없다고 덧붙이셨다. RCA와 더불어 런던예술대학(University of the Arts London, 이하 UAL)과 골드스미스(Goldsmiths)도 언급하셨다. 런던에 있는 예술대학들은 모두 QS 대학 순위에서 상위권에 위치해 있고 미국에 비해 비전공자에게 훨씬 더 열려 있다는 점이 그 근거였다. 내가 준비만 잘하면 입학할 수 있다는 확신을 주셨다. 상담을 마치고 바로 다음 주인 2021년 1월부터 직장을 병행하며 학원에 다니기로 했다. 보통 영국 대학원 지원 시기가 12월에서 2월 사이라서 현실적으로 2021년 겨울에 지원하는 것은 어려우니 2022년 말 지원을 목표로 준비하기로 했다. 그렇게 2021년 1월 첫째 주부터 학원 수강을 시작했다.

30대 중반의 나이, 미술 비전공자 그리고 직장 병행까지. 합격률이 성적표인 입시 학원에서 나 같은 수강생은 꽤 도박이었을 텐데 원장님은 나의 등록을 흔쾌히 받아주셨다. 어떤 학원은 앞서 언급한 늦은 나이, 비전공자, 직장인 중 하나라도 해당하면 등록을 받지 않기도 했다.

학원에는 원장님을 포함하여 총 세 분의 선생님이 계셨다. 각각 다른 경험과 장점이 있는 선생님들과 세 가지 작업을 병행하며 포트폴리오를 준비했다. 수업은 주 4회, 각 3시간 반씩 진행됐다. 평일은 정시에 퇴근해야 겨우 수업 시간에 맞춰 도착할 수 있었다. 수업을 마치고 집에 돌아오면 밤 11시가 넘었다. 토요일 수업은 오전 10시 반에 시작해 오후 6시에 끝났다. 평일에 미처 하지 못한 재료 구매나 과제, 작업 연구를 하다 보면 주말은 순식간에 지나갔다.

초반 몇 달 동안은 본격적인 포트폴리오 작업에 들어가기에 앞서 다양한 재료와 표현 방법을 익혔고, 특정 주제에 관한 질문과 생각을 표현하기 위해 관련 내용을 조사하고 탐색하는 과정을 반복했다. 동시에 이런 방식에 익숙해지는 시간이기도 했다. 작업의 주제는 일상, 고민, 평소의 궁금증처럼 사소한 것에서 출발했다. 물리적인 작업과 함께 "왜 이런 방식으로 표현했는지?", "어떤 감정과 생각을 담았는지?"를 고민하며 기록했고 그 의도를 선생님들께 설명하는 과정을 거쳤다. 주기적인 면담을 통해 작업의 흐름을 점검하고 피드백을 받으며 점차 완성도를 높여 나갔다. 선생님들은 비전공자인 내가 현대 예술의 흐름에 익숙해질 수 있도록 주요 디자인 참고 자료와 동시대 작가들을 소개하며 시각적 감각을 키워주었다.

이 모든 과정이 즐거웠고 나 스스로 실력이 늘고 있다는 걸 체감했다. 내가 미처 자각하지 못했던 "패턴화" 능력에 대한 언급도 있었다. 사물의 외형을 패턴으로 추출하고 이를 분리하거나 재배치하는 방식이 일반적인 단순 패턴화와는 다르다는 얘기를 서로 다른 선생님한테서 들었다. 숙제를 성실히 한 덕분에 소묘에 대해서도 긍정적인 피드백이 이어졌다. 무엇보다 이 활동이 억지가 아닌, 스스로 원해서 시작한 일이었기에 실력 향상도 빠르게 이뤄졌다. 새로운 개념을 빠르게 이해하고 흡수하는 것도 내 장점으로 꼽혔다. 그 모든 성장의 바탕에는 "꾸준함"이라는 나만의 무기가 있었다.

주제에 대해 깊이 고민할 시간과 마음의 여유가 부족해 답답할 때도 많았다. 그럴 때마다 선생님들은 빠른 결과보다 구체적인 질문과 서사가 담긴 과정을 더 중요하게 생각하라고 했다. 회사에서는 늘 효율과 속도가 중요했지만, 미술 작업은 한 가지 주제를 오래 탐구하며 서사를 쌓아야 했다. 익숙하지 않고 쉽지 않았다. 하지만 선생님들은 기준을 낮추지 않았다. 내가 좋은 습관을 만들어가도록 끈기 있게 도와주었다. 급하게 결과를 내기보다 시간을 들여 깊이 있는 작업을 하라고 당부했다. 포트폴리오에는 주제의 발전 과정, 직접 시도한 경험이 담겨야 한다는 것도 강조했다.

2년 2개월 동안 총 15개의 작업을 완성했고 이 중 9개를 포트폴리오에 담았다. 그중 가장 오랜 시간 공을 들인 작업은 터진 축구공에서 출발했다. 가죽공예라는 나의 오랜 취미를 활용해 축구의 핵심인 "공"의 크기와 형태가 달라지면 어떤 변화가 생기는지 탐구했다. 다양한 실험을 통해 공이 단순한 스포츠 도구를 넘어 사람들이 교류하고 즐길 수 있는 매체가 될 수 있음을 보여주고자 했다. 포트폴리오를 통해서 내가 정식 미술 교육을 받은 적은 없지만, 다양한 재료와 기법을 활용할 줄 안다는 점을 강조하고 싶었다. 동시에 내가 전하고자 하는 메시지를 나만의 방식으로 표현하고자 했다.

Ballvolution, leather, discarded balls, 130 x 40 x 70 cm, 2021

완성도 높은 포트폴리오를 구성하기 위해서는 작품 사진 촬영도 중요했다. 작업 과정을 중간중간 휴대전화 카메라로 기록했지만, 완성 후에는 사진 작가님과 촬영을 진행했다. 작가님은 먼저 작품 설명을 듣고 작품이 더 돋보일 수 있도록 배치, 자세, 구도 등을 세심하게 제안해 주셨다.

입학을 위한 서류 전형은 포트폴리오를 비롯해 지원 동기와 본인의 철학이 담긴 에세이, 그리고 연구 제안서를 요구했다. 선생님들은 모두 유학 경험이 있어 글을 어떤 방향으로 작성해야 하는지에 대해 구체적인 조언을 해주셨다. RCA는 면접이 없는 대신 자신의 작업에 대한 이야기를 담은 동영상을 촬영하여 제출해야 했다. 동영상 속 내 표정, 몸짓, 말하는 속도 등 세세한 부분까지 세심하게 피드백을 주셨다. 연구 제안서는 예상치 못한 또 다른 난관이었다. 논문 형식으로 연구 제안서를 작성할 것을 요구했는데 한글로 작성하는 것조차 쉽지 않은 걸 영어로 쓰려니 더욱 막막했다.

2년 2개월 동안 매일 아침, 출근 전에는 영어 공부와 학원 숙제를 했고 퇴근 후와 토요일에는 학원에 살다시피 했다. 내가 진정으로 원하는 것을 얻기 위해 몰입했던 값진 시간이었다. 좋아하던 것들을 많이 내려놓아야 했지만, 그 모든 노력과 시간이 결국 지금의 나를 만들었다.

후배 유학생을 위한 선배 유학생의 TIP

비전공자·직장인도 가능
실례를 통해 자신감 얻기. 나이 많고 전공이 달라도 명문대 합격 사례 존재.

유학 경험 있는 강사진인지 꼭 확인
학교별 전략, 에세이 작성법, 동영상 피드백 등 실전 감각은 유학 경험에서 나온다.

포트폴리오는 결과물이 아니라 과정과 태도
깊이 있는 서사, 구체적인 질문, 표현의 이유를 담는 과정 중심의 작업이 핵심이다.

사진 촬영은 전문가와, 글쓰기도 전략적으로
작품 설명 글, 사진, 영상까지 모두 포트폴리오의 일부.

내 이야기에서 출발한 주제가 강력한 힘이 된다
일상 속 사소한 궁금증, 개인적인 경험이 진정성 있는 주제가 된다.

처음 뵙겠습니다, 아이엘츠님

외국인 학생이 영국 학교에 지원하려면 아이엘츠(IELTS) 성적이 필수다. 학교마다 요구하는 평균 점수(Overall)와 각 항목의 최저 점수 기준은 달랐다. 대부분 평균 6.5점 이상에 각 과목이 5.5점 이상이어야 했다. 2023년 기준으로 RCA는 평균 6.5점에 모든 과목이 5.5점 이상을 요구했고 골드스미스와 UAL은 평균 6.5점에 모든 과목이 6.0점 이상이 기준이었다.

이전까지 토익(TOEIC) 말고 다른 공인 인증 영어 시험을 본 적이 없던 나에게 아이엘츠는 생소한 시험이었다. 점수 체계부터 시험 방식까지 모든 것이 낯설었다. 미술학원에서 포트폴리오 준비에만 집중하다가 입학 지원 시기에 아이엘츠 점수가 부족해 고생하는 학생들을 봤다. 미리 준비해야겠다고 생각했다.

유학을 결심하기 전에도 영어 공부는 계속해 왔다. 사내 온라인 클래스를 통해 회화 위주로 해오다가 본격적으로 유학을 준비하면서부터는 아이엘츠 강의를 수강했다. 매일 출근 전에 인터넷 강의를 듣고 틈틈이 기출 문제집으로 공부했다. 학원을 오가는 전철 안에서도 단어를 외우고 시험 연습을 반복했다. RCA 서류 접수를 약 3개월 앞둔 2022년 10월, 경험 삼아 첫 시험에 응시했다. 시험이 자주 있고 결과가 빠르게 나오는 Computer-Delivered(컴퓨터 기반) 방식을 선택했다.

운이 좋게도 첫 시험에서 평균 6.5점을 받았다. 모든 영역에서 5.5점 이상을 기록해 RCA의 지원 요건을 충족했다. 포트폴리오 준비로 바쁜 와중에 영어 점수에 대한 부담을 덜 수 있었던 건 다행이었다. UAL과 골드스미스의 기준 점수에는 부족했지만, 대부분의 학교는 0.5점 정도 부족한 경우 자체 영어 교육 과정을 수료하는 것으로 아이엘츠 점수를 대체할 수 있었다. RCA에 떨어지면 다른 학교를 준비하면서 시험을 다시 보거나 해당 과정을 수강하는 방안을 염두에 두었다.

후배 유학생을 위한 선배 유학생의 TIP

학교별 요구 점수 기준 반드시 확인
학교마다 기준이 다르니 미리 확인하자.

포트폴리오에 몰두하다 영어 점수 놓치는 경우가 많다
막판에 급하게 시험 보는 일 없도록, 미리 준비하자.

Computer-Delivered 시험이 빠르다
결과도 빨리 나오고 일정도 다양하다. 빠른 피드백이 필요하다면 이 옵션을 고려하자.

기출 유형과 전략 파악이 중요
기출 위주로 실전처럼 연습하자.

0.5점 부족? 자체 영어 코스로 대체 가능
대부분 학교는 조건부 입학 후 자체 어학 프로그램으로 대체 가능하다.

이쯤 되면
퇴마사가 필요하다

2022년 봄부터 여름까지, 마치 유학 준비를 방해하려는 듯한 일들이 연달아 일어났다. 이 기간에 나는 세 번의 사고를 겪으며 "마가 낀 것 같다."라는 말을 실감했다.

첫 번째 사고는 2022년 5월, 한밤중에 발생했다. 집에서 넘어지면서 코와 미간이 찢어져 스물두 바늘이나 꿰맸다. 평소 침대에 점프해서 뛰어드는 습관이 있었는데 그날은 이상하게도 엉뚱한 방향으로 점프했다. 얼굴은 침대 머리받이의 가장자리 모서리에 부딪혔고 쓰고 있던 안경테가 부러지면서 그 파편이 콧등과 미간을 깊게 찢어버렸다. 그리고 침대 위가 아닌 방바닥으로 떨어졌다.

바닥에 엎드린 채로 고개를 들었을 때, 무슨 일이 일어난 건지 파악하는 데 잠시 시간이 걸렸다. 처음에는 상황이 어이없어서 웃음이 나왔다. 하지만 이내 얼굴 위로 무언가 흘러내리는 것을 느꼈고 형광등을 켜보니 방바닥이 피로 물들고 있었다. "피바다"라는 표현이 과장이 아닐 정도였다. 수건으로 상처를 압박해 봐도 수건만 붉게 물들 뿐 피는 멈추지 않았다. 119에 전화했다. 119 구조대는 5분 만에 도착해 지혈 조치를 해주었다. 구조대원들은 상처가 눈에 잘 띄는 부위이니 응급실에서 봉합하기보다는 다음 날 오전 성형외과에서 봉합 수술을 받는 것이 더 좋겠다고 조언했다.

다음 날 아침, 상처 전문 성형외과를 찾아 응급 봉합 수술을 받았다. 성형외과 의사는 내 상처를 보고 "터졌다."라는 표현을 쓰며 최대한 노력하겠지만 지그재그 형태로 찢어진 상처라서 흉터가 남을 가능성이 높다고 했다. 그 후 7개월 동안 흉터 치료를 이어갔다. 다행히 자세히 보지 않으면 눈에 띄지 않을 정도로 회복됐지만, 그날 밤의 사고는 여전히 강렬한 기억으로 남아 있다.

두 번째 사고는 첫 번째 사고가 있고 두 달 뒤에 일어났다. 늦은 밤에 택시를 타고 귀가하던 중이었다. 택시가 잠시 골목길에 정차한 사이 뒤따라오던 차량이 들이받았다. 태어나 처음 겪는 교통사고였다. 다행히 속도가 빠르지 않아 큰 사고는 아니었지만, 택시의 뒤 범퍼가 손상될 정도의 충격은 있었다. 늦은 밤이었고 당시에는 온몸이 뻐근한 정도여서 보험사 확인만 마치고 집으로 돌아왔다. 하지만 다음 날 아침, 목과 허리는 물론 종아리까지 뭉쳐 굳어 있었다. 세수하기 힘들 만큼 허리를 굽히기 어려워 병원을 찾았고 결국 입원했다. 9일간 입원 치료를 받은 뒤에도 한동안 통원 치료를 계속해야 했다. 30년 넘도록 한 번도 겪지 않았던 사고들이 왜 이 시기에 연달아 발생하는지 의문스러웠고 한편으로는 왠지 모를 불안감마저 들었다.

세 번째 사고는 앞선 사고로 퇴원한 지 며칠 지나지 않아 뜬금없이 찾아왔다. 이날도 점심 시간에 통원 치료를 받고 온 상태였다. 사무실 내 자리 이동이 있어서 개인 캐비닛을 옮기던 중이었다. 그런데 지금도 이해할 수 없는 순간이 찾아왔다. 마치 귀신에 씐 것처럼, 나도 모르게 캐비닛을 들고 있던 손을 놓아버렸다. 캐비닛은 그대로 내 오른발 등 위로 "쿵" 하고 떨어졌다. 그 순간 고통보다 창피함이 먼저 밀려왔다. 아무 일 없었던 것처럼 빠르게 자리 정리를 마무리했다. 하지만 곧 발등과 발목이 눈에 띄게 부어올랐고 통증도 심해졌다. 결국 조퇴를 하고 정형외과로 갔다. 의사는 보자마자 골절이 의심된다고 할 정도였다. 다행히 엑스레이상으로는 이상이 없었지만, 한 달 정도 반깁스를 한 채로 회사와 학원을 오가야 했다.

3개월 사이 평생 한 번 겪을까 말까 한 사고가 연달아 닥치자, 지인들은 농담처럼 말했다.
"이거 유학 가지 말라는 신의 계시 아니야?"
다행히도 사고는 세 번에서 멈췄다. 문득 연초에 재미 삼아 받았던 사주 상담이 떠올랐다. 그때 역술인은 "목표를 이루려면 뼈를 깎는 고통이 따를 것"이라고 했는데 혹시 이런 고통을 뜻했던 걸까. "내년에 얼마나 잘 되려고 이러나…." 자신을 위로하며 이 모든 불운을 액땜이라 여기기로 했다. 머리부터 발까지 차례로 다쳤으니 나쁜 기운은 이제 땅으로 다 빠져나갔을 거라고 믿으며.

전공 선택과 지원 과정, 그리고 합격의 순간

2022년 12월, 어느덧 시간이 흘러 지원 시기가 다가왔다. 각 학교에 지원할 전공을 정하고 요구하는 서류를 준비하기 시작했다. 처음 유학을 결심하면서 고려했던 전공은 제품 디자인과 서비스 디자인이었다. 제품 디자인은 가죽 공예를 하며 흥미를 느끼게 된 분야였고, 서비스 디자인은 개발자로 일하면서 쌓은 UX/UI 경험을 바탕으로 더 공부한다면 다른 분야로 진출하는 데 도움이 될 것으로 생각했다.

학원에서는 RCA의 MRes(Master of Research) 프로그램을 추천하셨다. 전공 소개 페이지를 보니 "여러 분야를 다학제적 관점에서 탐구하며 새로운 사고와 실천 방식을 배울 수 있는 과정"으로 소개되어 있었다. "다양한 경험을 가진 비전공자도 환영한다."라고 적혀 있는 부분이 나의 관심을 끌었다. MRes 프로그램은 건축(Architecture), 커뮤니케이션(Communication), 디자인(Design), 예술 & 인문(Art and Humanities) 네 개의 세부 전공으로 나뉘었다. 나의 포트폴리오는 인간관계와 감정에 대한 표현이었고 경력이 GUI 개발자로 요약되기 때문에 커뮤니케이션 분야와 관련 있다고 생각하여 커뮤니케이션 전공으로 지원했다. 나중에 알게 된 사실이지만, RCA는 여러 프로그램에 동시 지원이 가능했다. 이를 미리 알았다면 제품 디자인과 서비스 디자인에도 함께 지원해 봤을 것이다. 이 점을 미처 파악하지 못한 건 나의 실수였다.

골드스미스는 디자인 과정이 MA(Master of Arts) Expanded Design으로 통합되어 있었다. RCA MRes와 마찬가지로 세부 전공을 선택해야 하는데 RCA와 같은 이유로 Communication and Experience를 선택했다. UAL은 LCC(London College of Communication)의 서비스 디자인 전공 지원하는 것으로 준비했다. 최우선 목표인 RCA 지원 양식에 맞춰 준비를 시작했다. 영국 학교는 지원 시기를 "라운드(Round)"로 나누어 진행하는데 한국으로 치면 "차수" 같은 의미다. 라운드 1에서 모집을 마감하면 다음 라운드가 열리지 않는다. 일부 프로그램은 라운드 1에서 마감되기도 하지만, 보통은 라운드 2까지 열리며 전공에 따라 그 이상 이어지기도 한다.

2023년 RCA 입학 지원 라운드 1은 2022년 12월 말 마감이었다. 현실적으로 준비가 불가능한 일정이었다. 2023년 2월 중순 마감인 라운드 2를 목표로 준비를 이어갔다. 1월 말까지 가능한 시간과 자원을 모두 쏟아부어 RCA 지원에 필요한 준비를 마쳤다.

학교		RCA	Goldsmiths	LCC
전공		MRes, Communication Design	MA, DESIGN: EXPANDED PRACTICE	MA, Service Design
마감 기한	Round1	23/01/04	23/02/28	22/12/14
	Round2	23/02/15	-	23/04/03
학업 기간		1 year	15 months	15 months
비용		£33,600	£22,600	£25,970
IELTS		Overall 6.5 (writing 6.0, each 5.5)	Overall 6.5 (writing 6.5, each 6.0)	Overall 6.5 (each 6.0)
Personal Statement		Your Motivation(300 words)	Statement(5 sections, each 2000 characters)	Personal Statement (500 words)
Portfolio		Your Work(3 or 4 projects)	A short piece of writing (500-1,000 words), 10-page visual document	Portfolio (6 projects, 20 images)
Study Proposal		Your Proposal-Research Project Proposal(1000 words)		Study Proposal(1000 words)
Video		Your Journey(2 mins)	Application Brief	Video Task(3 mins)

    RCA MRes는 300단어 분량의 지원 동기, 1,000단어 분량의 연구 제안서, 2분 분량의 동영상, 그리고 포트폴리오를 요구했다. 포트폴리오는 전공자와 비전공자를 구분하여 조건을 달리했지만, 다른 요구 사항은 같았다.

    골드스미스는 2월 말에 단 한 차례만 지원을 받았다. 2,000단어 분량으로 다섯 가지 항목에 대한 글쓰기, 1,000단어 분량의 에세이, 그리고 포트폴리오를 요구했다. 그런데 접수 뒤에 예상하지 못한 추가 과제가 있었다. 추가 과제는 하나의 작품을 만드는 수준이었다. 이 때문에 RCA 지원을 서둘러 마무리해야 했다. 2월 말에 지원한 뒤, 4월이 되어서야 온라인 화상 인터뷰 안내 이메일을 받았다. 그리고 그로부터 한 달 뒤에 인터뷰가 진행되었다. 골드스미스의 지원 과정은 여러모로 까다롭고 복잡했다.

LCC는 총 두 개의 라운드로 나누어 지원을 받았다. 라운드 1은 2022년 12월 중순으로 모든 학교 중 가장 빨랐다. 반면, 라운드 2는 4월 초로 가장 늦었다. 500단어 분량의 에세이, 1,000단어 분량의 연구 제안서, 3분 분량의 동영상, 그리고 포트폴리오를 요구했다. RCA와 비슷하여 그를 토대로 준비가 가능했다. 하지만 LCC 지원 준비는 도중에 멈췄다. 접수 마감 전에 RCA 합격 통보를 받았기 때문이다.

2023년 3월, 나는 회사로부터 10년 장기근속 포상 휴가를 받아 한 달간 자유의 몸이었다. 국내를 여행하며 오랜만에 긴 휴식을 즐기면서도 한편으로는 입시 결과를 기다리는 상황이라 마음이 편하지는 않았다. RCA 합격자 발표가 다가올수록 스스로 느끼는 압박이 점점 더 심해졌다. 이런 모습을 곁에서 지켜보던 아내는 내가 안쓰러웠는지 휴가 종료까지 일주일을 앞두고 혼자 해외여행이라도 다녀오는 게 어떻겠냐고 제안했다. 즉흥적으로 여행지를 정하고 이틀 뒤에 출발했다. 마침, 이 일정이 RCA 합격 발표 예정일과 겹쳤다. 무슨 자신감이었는지 모르겠지만, 현지에서 합격 소식을 받으면 더 의미 있을 것 같아서 런던에 가기로 했다. 물론 불합격하면 그 충격은 더 컸을 텐데 그때는 그저 런던에 가고 싶다는 생각뿐이었다. 당시 런던에서 한국으로 오는 항공편이 만석이라 귀국편은 파리에서 출발하는 일정으로 여행을 떠났다.

36
꿈을 찾아 런던으로 떠났습니다

여행 중에 내가 지원한 MRes 커뮤니케이션 디자인 전공이 사용하는 RCA 화이트 시티(White City) 캠퍼스에 가봤다. 내부는 출입이 제한되어 외부만 둘러볼 수 있었다. 아내는 농담으로 성경에 원하는 것을 이루기 위해서 그곳을 반복적으로 도는 구절이 있다고 했다. 합격이 간절했던 나는 그 얘기를 진지하게 받아들였고 캠퍼스 주위를 돌며 나만의 의식을 치렀다. 하지만 발표 예정일 늦은 오후가 되도록 RCA로부터 어떤 이메일도 오지 않았다. 아침부터 이메일 페이지를 수백 번 "새로고침" 하며 확인했다. 그러던 중 학원의 다른 RCA 지원자들은 이미 모두 합격(Offered) 통보를 받았다는 소식을 접했다. 나와 전공이 다르긴 했지만 불안해졌다.

유학을 준비하면서 관련 정보를 얻던 곳은 한 포털사이트의 아이엘츠 정보 공유 커뮤니티였다. 그곳에 나의 상황을 공유했더니 불합격자는 이미 며칠 전에 이메일을 받았다는 댓글이 달렸다. 뭔가 일반적인 상황은 아니라는 생각이 들었다. 결국 런던에서 합격 소식은 받지 못한 채 파리로 이동해야 했다.

파리에 도착해 숙소에 짐을 푸니 어느덧 밤이 되었다. 자정이 될 때까지도 아무런 이메일이 오지 않았다. 아이엘츠 커뮤니티에는 지원 페이지를 확인해 보라는 댓글이 달렸다. 이메일보다 지원 페이지가 먼저 업데이트된다는 의견이었다. 지원 페이지에 접속했더니 지원할 때는 본 적이 없는 빨간색 표시가 눈에 들어왔다. 비상 연락처가 비어 있다는 표시였다. 바로 입력했더니 빨간색 표시가 사라졌고 전형단계가 "검토 중(Under Review)"에서 "합

37

CHAPTER 1 Road to London: 결심부터 합격까지

격(Offered)"으로 바뀌었다.

"정말 이것 때문이었나? 이제 합격한 건가?"

공식 이메일이 오기 전까지는 안심할 수 없었다. 그리고 약 한 시간 뒤에 RCA로부터 공식 합격 이메일이 왔다. 파리 시각으로 새벽 1시 40분경이었다. 호스텔에 묵고 있던 사람들은 모두 잠든 시간이었고 나는 시차 적응 실패와 긴장감 탓에 잠이 오지 않아 공용 공간 발코니에서 바람을 쐬고 있었다. 너무 기뻤지만, 곁에 그 감정을 함께 나눌 사람이 없었다. 다행히 한국은 이른 아침이어서 바로 아내에게 전화를 걸어 합격 소식을 전했다. 통화하는데 나도 모르게 눈물이 흘렀다. 그녀도 마찬가지였다고 한다. 지난 2년 4개월 동안 그렇게 바라던 게 이루어진 순간이었다. 감격스러웠다. 들뜬 마음에 그 뒤로도 잠이 오지 않았다. 밤새 뒤척이다 겨우 두 시간 정도 눈을 붙이고 다음 날 아침 일정을 위해 일어났다. 전혀 피곤하지 않았다. 모든 것이 아름답게 보였다. 아내 말에 의하면, 내가 여행을 마치고 한국에 돌아온 뒤에도 한동안 계속 웃는 얼굴로 지냈다고 한다.

그리고 며칠 뒤, 골드스미스로부터 화상 인터뷰 초대 이메일이 왔다. 예술 대학의 면접에서는 어떤 질문을 하는지, 내 글과 포트폴리오를 어떻게 바라보는지 궁금해서 인터뷰에 응하기로 했다. 한국 시각으로는 저녁이라 퇴근하고 집에 와서 참여했다. 약 15분 동안 인상 좋은 교수님과 일대일로 대화를 나눴다. 인터뷰는 간단한 자기소개로 시작했고 이어 교수님이 질문하고 내가 답하는 형식으로 진행됐다. 첫 질문은 왜 이런 큰 도전을 하기로 결정했는지에 대한 것이었다. 이후 전공을 선택한 이유와 포트폴리오에 담긴 작품 일부에 대한 구체적인 질문이 이어졌다.

교수님은 내 포트폴리오를 언급하며 제작 기술이 뛰어나다고 평가했다. 내가 원한다면 더욱 다양한 실천에 집중할 수 있는 "사유와 기법(Speculation & Techniques)" 전공으로 옮겨줄 수도 있다고 제안했다. 인터뷰 내내 화기애애한 분위기가 이어졌고 자연스럽게 웃으며 마무리했다. 내가 잘하는 것과 하고 싶은 것을 진심으로 이해하며 그것에 맞춘 제안을 해 준 점이 감사하고 뿌듯했다. 이미 RCA에 합격한 상태라 덜 긴장을 해서였는지 편안하게 답변했다. 인터뷰가 끝날 무렵, 교수님은 비공식적이지만 합격이라고 말했다. 곧 공식 합격 통보를 받을 것이라고 했다. 그리고 다음 날 이메일을 통해 공식 조건부 합격 안내를 받았다. 합격 조건은 아이엘츠 성적 제출이었다.

RCA 합격만으로도 기뻤는데 골드스미스까지 합격하니 더할 나위 없었다. 그동안의 노력을 모두 보상받았다. 동시에 새로운 고민이 시작됐다. 두 곳에 모두 합격한 만큼, 어느 학교에 입학할지 결정할 때였다. 항상 목표는 RCA였다. 그러나 골드스미스와의 인터뷰가 강렬한 인상을 남겼다. 교수님과의 인터뷰에서 느껴진 진정성과 배려, 그리고 내 작업을 깊이 이해하고 있다는 점이 마음을 흔들었다. 주변 지인들의 조언을 토대로 고민한 끝에 최종적으로 RCA를 선택했다. 가장 큰 이유는 명성이었다. 미술, 디자인을 전공했거나 관련 업계에 있는 지인들 모두 RCA를 알았지만, 골드스미스는 모를 때도 있었다. 두 학교를 모두 잘 알고 있는 이들은 선택의 순간이라면 무조건 RCA라고 조언했다.

  나는 유학 이후 디자이너가 되는 것보다는 디자인을 공부한 뒤 이전 경험과 융합해 다음 경력을 준비하려는 계획을 가지고 있었다. 그런 점에서도 더 확실한 명성을 가진 RCA를 선택하는 것이 적절하다고 판단했다. 흥미로웠던 점은 내가 조언을 구할 때 아무도 전공을 묻지 않았다는 것이다. 마치 RCA라는 이름만으로 모든 것이 설명되는 듯했다. 간판의 중요성을 다시 한번 실감하는 순간이었다.

후배 유학생을 위한 선배 유학생의 TIP

지원 전공은 유연하게 탐색하자
애초에 생각한 전공 외에도 새로운 전공도 살펴볼 것.

복수 지원 가능, 놓치지 말 것
한 학교에 여러 전공 중복 지원이 가능할 수 있다. 전공 선택이 고민된다면 모두 지원하는 것도 방법.

학교별 지원 방식과 일정은 다르다
각 학교 일정과 요구 사항은 반드시 정리해 두자.

포트폴리오 외에도 글쓰기와 동영상이 요구된다
지원 서류로 포트폴리오 외에도 에세이, 연구 제안서, 동영상 등을 요구하므로 시간 분배와 일정 관리가 중요하다.

합격 발표는 예상보다 늦거나 다르게 올 수 있다
발표일이 되어도 결과가 오지 않는다면 지원 페이지도 확인해 볼 것.

CHAPTER 2

출국 전에
끝내야 할 미션들

미리미리 확인, 종합 건강 검진

합격한 뒤 가장 먼저 한 일은 건강검진 예약이었다. 어느덧 30대 중반이 되면서 건강에 대한 염려가 생겼고 새로운 환경에 적응하며 어린 동료들과 함께 공부하려면 내 건강 상태를 확실히 점검해야겠다고 생각했다. 유학은 1년 과정이지만 이후 영국에 더 머무를 가능성도 고려해 꼭 출국 전에 받고자 했다. 직장인이 된 뒤로 2년마다 종합 건강검진을 받았지만, 이번 검진은 그 어느 때보다 신중하게 검진 항목을 선택했다. 처음으로 대장 내시경 검사를 포함해 좀 더 포괄적인 검진을 진행했고 다행히 결과는 전반적으로 정상 소견이 나왔다. 대장 내시경 중 작은 폴립 하나가 발견돼 바로 제거를 받은 건 오히려 잘된 부분이었다. 건강검진의 중요성을 다시 한번 실감했고 건강에 대한 우려를 해소한 덕분에 집중해서 유학을 준비할 수 있었다.

후배 유학생을 위한 선배 유학생의 TIP

출국 전 건강검진은 선택이 아니라 필수
새로운 환경에 적응하기 전 건강 상태를 미리 점검해야 한다.

나에게 맞는 정밀 검진 항목을 선택하자
나이, 병력을 고려해 포괄적으로 점검하는 것이 좋다.

이상 징후는 사전에 발견하고 조치
큰 문제로 번지기 전 해결. 검진은 예방이자 대비다.

병원과
약국 투어

출국을 앞두고 상비약을 준비하기 위해 평소 다니던 병원들을 차례로 방문했다. 자주 겪는 잔병치레에 대비해 필요한 약을 미리 처방받았고 치과에서는 스케일링과 검진을 받았다. 약국에서는 유학 준비 중이라고 얘기하자 감기약, 지사제, 소화제, 진통제, 해열제, 상처 연고, 밴드 등을 추천해 주었다. 영국도 사람 사는 곳이라 대부분의 약을 구할 수 있지만, 익숙한 약을 챙겨 가는 게 마음이 놓였다.

실제 생활은 예상과 달랐다. 한국에서는 잘 걸리지 않던 감기에 유독 자주 걸렸다. 한 번 걸리면 짧게는 일주일, 길게는 2주 가까이 고생했다. 감기가 동료들 사이에서 주기적으로 유행하면서 나도 네 번이나 앓았다. 증상은 매번 달랐다. 어떤 때는 고열, 또 어떤 때는 콧물과 가래, 혹은 기침이 심했다.

준비해 간 약 중 감기약만 바닥나서 아내가 방문할 때마다 추가로 챙겨다 주곤 했다. 스트렙실(Strepsils) 같은 사탕형 진통제는 영국에 더 다양한 제품이 있어 애용했다. 물에 타 마시는 감기약인 렘십(Lemsip)도 꽤 효과가 있었다.

후배 유학생을 위한 선배 유학생의 TIP

출국 전 병원 방문은 필수
자주 앓는 질환 중심으로 병원에서 미리 약을 처방받자.

약국에서도 유학 계획을 설명하자
나라에 맞추어 상비약을 추천해 준다.

영국도 약 구매는 어렵지 않지만, 익숙한 약은 마음의 안정제
현지에서 대체 약을 구할 수 있어도 아플 때는 익숙한 약이 더 믿음직하다.

감기 준비는 넉넉하게, 생각보다 자주 앓는다
증상도 매번 달라 대비 필요. 감기약은 넉넉하게 준비하자.

현지에도 좋은 약은 많다
한국에서 가져온 약이 떨어져도 불안해하지 말고, 현지 약국을 이용할 것.

삐빅
학생입니다

대학 졸업한 지 10년 만에 다시 학생이 될 준비. 학생 비자를 신청하기 전에 준비해야 할 것은 크게 세 가지다. 결핵 검사, 재정 증빙, CAS(Confirmation of Acceptance for Studies). 이 세 가지가 준비되어야 비자 신청이 가능하다.

결핵 검사는 지정 병원인 세브란스병원 비자 검진센터에서 받을 수 있다. 간단히 엑스선 검사를 통해 결핵 여부를 확인한다. 검사 비용은 2023년 5월 기준 107,600원이었다. 결과지를 택배로 받으면 추가 요금 5,000원이 부과됐다. 결과지를 택배로 받기까지 검사일로부터 주말 포함 총

7일이 소요됐다.

　재정 증빙의 경우 한국이 더 이상 필수 제출 국가는 아니지만, 무작위로 요청되는 경우가 있다고 한다. 준비하지 않았다가 제출 요구를 받으면 시간이 촉박할 수 있어 미리 준비하는 것이 좋다는 게 경험자들의 조언이었다. RCA 역시 재정 증빙 준비를 권장했다. 증빙해야 할 금액은 학비와 9개월 치 생활비를 합한 금액. 학비 33,600파운드에 9개월 치 생활비 12,006파운드, 총 45,606파운드. 당시 환율 기준 약 7,555만 원이었다. 해당 금액이 28일 연속 계좌에 유지되었음을 보여주는 영문 거래 내역 증명서가 필요하다. 그래서 비자 신청 최소 한 달 전에 미리 준비해야 한다.

　CAS는 학교에서 발급하는데, 그 전에 몇 가지 문서 제출을 요구했다. 학부 졸업 증명서, 아이엘츠 성적표, CAS 체크리스트, 여권 사본이었다. 이들을 제출하면서 예치금 납부를 했고 1주일 뒤에 CAS가 발급됐다.

　세 가지 준비가 끝나면 GOV.UK 홈페이지에서 학생 비자(Student Visa)를 선택해 신청하면 된다. 온라인 서식 작성에 입력할 내용이 많아서 충분한 시간을 가지고 집중해서 진행해야 했다. 가장 시간이 오래 걸린 부분은 과거 10년간의 출입국 기록이었다. 정부24 홈페이지에서 출입국 사실 증명서를 발급받아 참고할 수 있지만, 출국 후 입국 전까지 다른 국가를 이동한 기록은 포함되지 않는다. 혹시 빠뜨리면 문제가 될까 싶어 최대한 정확하게 작성하려고 과거 10년간의 해외여행과 해외 출장 기록을 모두 되짚었다.

모든 정보를 입력할 때 오타가 나지 않도록 주의해야 한다. 특히 이름이 잘못 입력되면 기존 신청을 취소하고 다시 신청해야 한다. 이미 결제한 비용을 돌려받기까지 상당한 시간이 걸린다고 한다. 모든 서식 작성을 마친 뒤 비자 발급 비용(363파운드, 약 60만 원)과 건강보험료(470파운드, 약 77만 원)를 결제한 뒤에 비자 센터 방문을 예약한다. 비자 센터는 노트북 반입이 금지되어 있고 전자기기 사용도 제한이 있으므로 가볍게 서류만 챙겨가는 것이 좋다.

센터에서는 모든 절차가 기계처럼 순서대로 진행됐다. 이곳에서 얼굴 사진을 촬영하는데 이 사진이 꽤 중요하다. 영국 내 신분증으로 사용하는 BRP(Biometric Residence Permit)에 이날 촬영한 사진이 그대로 사용되기 때문이다. 깔끔한 사진을 남기고 싶다면 미리 신경 써서 준비해 가는 것이 좋다. 나는 나중에 BRP를 받아보고 약간 범죄자처럼 나왔다고 느꼈다.

모든 신청 절차를 마친 뒤 영국에서 사용할 수 있는 SIM 카드를 선물로 받았다. 데이터 용량은 7GB로 크지는 않았지만, 현지 도착 후 임시로 사용하기에 적당했다.

후배 유학생을 위한 선배 유학생의 TIP

학생 비자 신청 전 3대 필수 준비물
① 결핵 검사 ② 재정 증빙 ③ CAS(입학허가서)
→ 셋 다 준비돼야 비자 신청 가능

결핵 검사도 미리미리
결과지 택배 수령 시 1주일 소요. 여유 있게 받아두자.

재정 증빙은 필수가 아니지만, 준비 권장
무작위 제출 요청 대비해 미리 준비. 학비 + 9개월 생활비 28일 연속 잔액 유지 필요.

CAS 발급 전 서류 제출 & 예치금 납부 필수
여권, IELTS 성적표, 학위 증명서 등 제출 후 약 1주일 소요.

비자 신청 서식은 꼼꼼하게, 작성 시간 넉넉히 확보
과거 10년 출입국 기록까지 작성 필요. 오타 주의.

비자센터 방문 시 팁
전자기기 반입 금지, 가볍게 서류만 챙기자. 현장 촬영 사진은 BRP에 그대로 쓰인다는 것 명심.

국가에 대한
의무 면제 신청

해외 장기 체류 시 국가에 의무적으로 참여하거나 내야 하는 일부 제도에 대해 정지와 면제 신청이 가능하다.

국민건강보험은 3개월 이상 해외 체류할 때 납부를 정지할 수 있다. 정지 신청은 전화로 간단하게 가능하고 대리 신청도 가능했다. 한국에 돌아와 건강보험 적용을 재개할 때도 마찬가지로 전화로 신청했다. 귀국 후 집으로 가는 길에 재개 신청을 하려고 전화했더니 출입국 기록은 입국 다음 날부터 조회된다고 안내받았다. 당일 꼭 병원에 가야 하는 상황이 아니라면 다음 날 다시 신청하라고 했다. 만약 다음 날이 공휴일이거나 주말이면 그다음 영업일에 신청이 가능하다.

국민연금은 유학생 신분이라면 정지 신청이 가능하다. 다만, 유학생이라도 국내에서 소득이 발생하면 면제 혜택이 적용되지 않는다. 나의 경우 세금을 신고하는 소득이 있었기 때문에 정지 신청을 하지 못하고 계속 내야 했다.

남성들에게 중요한 국방의 의무. 한국인 남자 동료들 대부분 예비군이었는데 365일 이상 해외 체류 시 출입국 기록에 따라 자동으로 소집 보류 처리된다. 하지만 도중 국내에 14일 이상 머무르면 해당 연도의 예비군 훈련이 부과된다. 다시 출국하면 훈련은 자동으로 연기되지만, 연기된 훈련은 귀국한 뒤에 재부과되므로 주의가 필요하다. 민방위는 3개월 이상 해외 체류 시 교육 및 훈련 면제 신청이 가능하다. 나는 온라인 교육 대상자였기 때문에 따로 면제 신청은 하지 않고 온라인 교육을 이수했다.

후배 유학생을 위한 선배 유학생의 TIP

국민건강보험
전화로 간편 신청 가능, 대리인 신청도 OK. 귀국 후 재개 신청은 입국 다음 날부터 가능하니 일정 확인.

국민연금
국내에 신고되는 수입이 있으면 계속 내야 한다.

민방위
해외 체류 3개월 이상 시 면제 가능.

예비군
365일 이상 해외 체류 시 자동 소집 보류 단, 중간에 14일 이상 국내 체류하면 훈련 부과됨.

현실적인 예산과 재정 계획

본격적으로 유학 준비를 시작하기에 앞서 가장 먼저 예산을 짰다. 오로지 내 돈으로 떠나는 유학이었기에, 감당할 수 있는 지부터 확인했다. 최소 체류 기간인 12개월을 기준으로 계산했다. 가장 큰 비중을 차지하는 학비와 임대 비용을 우선 고려했고 교통비, 통신비, 공과금, 식료품비 같은 기본적인 생활비와 예비 비용까지 포함했다. 유학을 경험한 지인들의 조언, 유튜브와 블로그 자료, 그리고 몇 개월 전 다녀온 여행 경험을 종합해 현실적으로 금액을 산출했다. 또한, 왕복 항공권 비용과 정착 초기 집을 구하기 전까지의 임시 거주 비용도 포함해 최대한 구체적이고 실현 가능한 예산을 세웠다.

항목	예상 비용 (12개월)		실제 비용 (14개월)		세부 내용
	파운드(£)	원화 환산 (£1=₩1,650 적용)	파운드(£)	원화 환산 (£1=₩1,735 적용)	
학비	33,600	55,440,000	33,600	58,296,000	
왕복 항공권	-	2,500,000	-	2,000,000	
초기 정착 비용	-	1,500,000	-	3,490,000	정착 서비스 이용 (199만 원)
주거비	1,600x12개월	31,680,000	1,575x14개월	38,256,750	
공과금	110x12개월	2,178,000	98x14개월	2,380,420	전기, 수도, 인터넷 요금
통신비	20x12개월	396,000	21x14개월	510,090	
교통비	100x12개월	1,980,000	158x14개월	3,837,820	버스, 전철, 기차, 택시
식비	100x12개월	1,980,000	297x14개월	7,214,130	식재료 구매, 외식
계	56,760	97,654,000	63,686	115,985,210	

예산을 짜던 2023년 7월 당시, 파운드 환율은 1,650원을 기준으로 오르내리고 있었다. 학비, 임대료, 주거 생활비 등을 12개월 기준으로 예상해 모두 합산하면 원화로 약 9천8백만 원이었다. 예비 비용 1천만 원을 더 해 최종적으로 1억 8백만 원을 예산으로 설정했다.

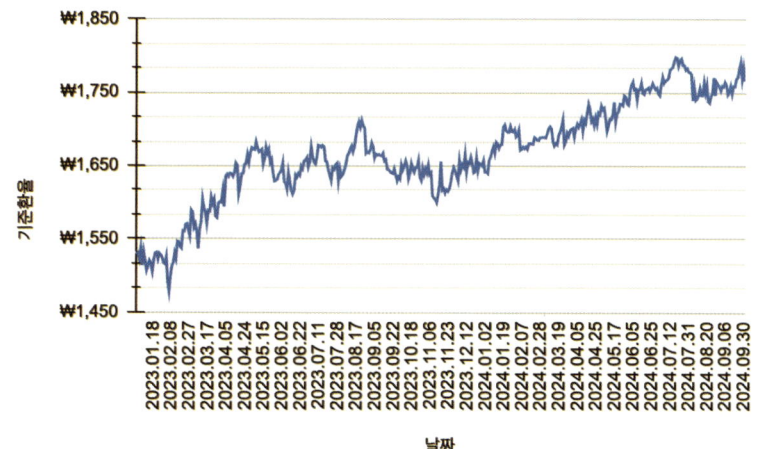

유학을 시작하자마자 환율이 가장 큰 변수가 됐다. 지속적인 환율 상승 때문이었다. 예산을 산출할 때 기준으로 삼았던 것은 최근 6개월간의 평균 환율이었다. 2023년 1월부터 7월까지 파운드 환율은 최고 1,685원, 최저 1,515원 사이에서 움직였다. 이를 바탕으로 1,650원을 기준으로 예상했는데 개강하고 얼마 지나지 않아 환율은 금세 1,700원을 넘어섰다. 환율이 100원 오를 때마다 원화로 약 6백만 원의 추가 비용이 발생했다. 이런 상황에 대비해 예비 비용을 확보해 두긴 했지만, 예상보다 부담이 일찍 커졌다. 환율 상승은 좀처럼 멈출 기미가 보이지 않았고 결국 2024년 초에 1,800원을 넘었다. 유학 기간 평균적으로 계산하면, 1파운드당 약 1,735원에 환전했다.

예산은 12개월을 기준으로 세웠지만 실제로는 14개월을 생활했다. 해외 송금 내역과 카드 사용 내용을 바탕으로 학비와 주거 비용을 정리해 보니 총 1억 1천6백만 원을 썼다. 이는 예산보다 약 8백만 원을 초과한 금액이었다. 2개월을 더 머문 점을 고려하면 예산을 크게 벗어난 것은 아니었다.

후배 유학생을 위한 선배 유학생의 TIP

예산은 현실적이고 보수적으로
학비, 주거비, 생활비, 항공권, 초기 정착비 등 항목별로, 구체적으로 나누고 넉넉하게 잡을 것.

환율이 큰 변수다
최소 6개월 전부터 흐름 모니터링 필수. 최악의 환율 기준으로 예산 계획 세워야 불안하지 않다.

언제 어떻게 될지 모르니까,
여행자 보험

  1년 이상 해외에 장기 체류할 예정이라 납부 중이던 각종 보험을 어떻게 해야 할지 미리 알아봤다. 어차피 혜택을 받을 수 없는 실손보험을 비롯해 화재보험, 생명보험 등도 납부 중지를 고려했지만, 만일의 상황으로 갑작스럽게 귀국하게 될 경우를 대비해 기존 보험은 그대로 유지했다. 저축성 보험만 납부를 중지했다. 실손보험의 경우, 유학을 마치고 돌아온 뒤 출입국 기록을 근거로 환급을 신청해 해외 체류 동안 낸 보험료를 돌려받았다. 기존 보험은 유지하고 유학 중에 발생할 수 있는 질병이나 사고에 대비해 1년짜리 여행자 보험에 별도로 가입했다. 의료비 보장을 중심으로 한 보험이었고, 1년 치 보험료로 약 40만 원을 한꺼번에 냈다.

  가죽공예를 시작한 뒤로 고질적인 왼쪽 어깨 통증을 달고 살았다. 포트폴리오를 준비하는 동안에 통증이 재발해 주기적으로 주사와 약물 치료를 받곤 했다. 유학 중에도 통증이 생길 것이 분명했기에 미리 관련 약을 처방받아 갔는데 역시나 2학기 중에 통증이 시작됐다. 준비해 간 약을 먹어도 통증은 좀처럼 가라앉지 않았고 상의를 갈아입기 힘들 정도로 상태가 악화했다. 연말에 방문했던 아내는 내가 불편해하는 모습을 보고 병원에 갈 것을 권했다.

영국의 의료 시스템은 모두에게 평등하게 제공하지만 그만큼 서비스의 질이 낮다. 어깨 통증 정도로 치료를 기대하기는 어려웠다. 혹시나 하는 마음으로 한국인이 많이 거주하는 윔블던(Wimbledon)과 뉴몰든(New Malden) 지역에 한의원을 검색해 보니 몇 곳을 찾을 수 있었다. 한 곳과 연락이 닿아 예약 후 방문했다.

내가 방문한 윔블던역 근처의 한의원은 한국과 운영 방식이 달랐다. 한의사 한 명이 예약부터 진료, 수납까지 모든 과정을 혼자 진행했으며 환자당 1시간씩 예약제로만 진료를 봤다. 치료는 침술, 찜질, 마사지, 스트레칭으로 구성됐고 3회차쯤부터 통증이 눈에 띄게 줄었다. 5회차를 마친 뒤에는 통증이 거의 사라졌다. 치료비는 5회 동안 총 375파운드(약 62만 원)가 청구되었다. 이는 내가 가입한 여행자 보험료보다 높은 금액이었지만, 보험사로부터 전액을 돌려받았다. 보험료가 전혀 아깝지 않은 순간이었다. 장기간 해외에 머물다 보면 크고 작은 질병이나 부상은 언제든 발생할 수 있다. 보험은 유학 생활에서 충분히 가치가 있었다.

후배 유학생을 위한 선배 유학생의 TIP

장기 체류 시 기존 보험부터 확인하자
실손·화재·생명보험 등 국내 보험은 혜택 여부 확인 후 일부 납부 중지. 도중 일시 귀국 시 불이익 없도록 신중히 결정.

유학 기간 여행자 보험은 필수
의료비 중심 보장 플랜으로 가입. 1년 치 보험료 약 40만 원. 예상보다 사용 가능성 높음.

현지 의료 시스템은 느리고 한정적일 수 있다
단순 통증으로는 실질적 치료 어려움. 한인 의료기관이 현실적인 대안이 될 수도.

한의원 진료도 가능
비용은 다소 많이 들지만, 치료 효과 좋고 여행자 보험 있으면 전액 환급 가능.

보험은 안전장치
예기치 않은 상황에 실제로 큰 도움이 됨.

낯설지만 편리한
영국의 금융 시스템

2023년 3월에 런던을 여행하며 가장 크게 느낀 변화는 "캐시리스(Cashless)" 환경이었다. 영국은 코로나19를 겪으며 비접촉 결제가 빠르게 일상화된 국가 중 하나였다. 대부분의 상점은 "현금 불가" 문구를 명시해 두고 있었고 버스커조차 카드 결제가 가능할 정도였다. "현금 없는 사회"는 이미 영국에 자리 잡고 있었다. 여행을 떠날 당시 급히 10만 원어치 파운드를 환전했는데 실제로 사용한 현금은 6파운드(약 1만 원)에 불과했다. 결제는 고객이 직접 카드나 기기를 포스기에 태그하는 방식이었고 여행 내내 트래블로그 카드 하나로 불편함이 없었다. 오이스터(Oyster) 카드도 더 이상 필수가 아니었다. 2016년 여행 당시 사용했던 오이스터 카드를 챙겨갔지만, "비접촉(Contactless)" 표시가 있는 모든 카드로 런던의 대중교통을 문제없이 이용할 수 있었다.

하지만 거주하는 건 여행과 다르다. 현지 은행의 계좌와 카드가 필요하다고 생각했다. 유학생과 워킹홀리데이 경험자들의 후기를 찾아보니 레볼루트(Revolut)와 몬조(Monzo)가 한국의 토스뱅크처럼 비대면으로 계좌 개설과 체크카드 발급이 가능한 인터넷전문은행이었다. 먼저 레볼루트를 이용해 보고 불편하면 몬조를 추가로 발급하기로 했다.

출국 전에 레볼루트 계좌를 개설하고 가상(Virtual) 체크카드를 발급받아 애플페이에 등록했다. 애플페이 하나만으로도 대부분의 결제와 대중교통 이용이 가능했다. 실물 카드는 신청하면 우편으로 받을 수 있었지만, 애플페이만으로도 충분했다. 귀국할 때까지 실물 카드를 만들지 않고 문제없이 잘 사용했다.

계좌이체가 필요한 상황은 예상보다 많았다. 집을 구하면서 보증금과 임대료를 송금해야 했고, 전기·수도·인터넷 같은 공과금도 계좌에 자동이체로 연결해서 냈다. 학교에서는 동료(Colleague) 간에 송금하는 일이 잦았다. 특히 식당에서 많이 발생했는데 대부분 분할 결제를 할 수 있지만, 한 명이 대표로 결제하고 나머지 인원이 나눠서 송금하는 때도 빈번했다. 현지 계좌 개설은 선택이 아닌 필수였다. 다행히 레볼루트 하나만으로도 입출금 계좌와 체크카드를 모두 해결할 수 있었다.

한국 계좌에서 영국 계좌로의 파운드화 송금은 환율이 상대적으로 낮을 때 몰아서 했다. 수수료가 발생하기 때문에 자주 송금하지는 않았다. 해외 송금 서비스는 수수료와 사용 편리성을 비교해서 모인(Moin)을 주로 이용했다. 학비 결제는 당시 해외 결제에 대한 적립금 환급 이벤트를 진행 중이던 토스뱅크 카드를 사용했다. 해당 이벤트는 곧 종료됐지만, 그 경험 이후 큰 금액을 결제할 때는 카드사의 이벤트를 확인하는 습관이 생겼다.

유럽의 다른 나라를 여행할 때는 주로 트래블로그 카드를 사용했다. ATM 출금 수수료가 없고 미리 환전하지 않아도 실시간 환율로 해당 국가의 통화로 결제할 수 있어 편리했다. 다만, 매일 특정 시간대에 서비스 점검으로 인해 이용할 수 없는 단점이 있었다. 이 시간대를 피해 사용하거나 급할 때는 레볼루트 카드로 결제했다. 유럽 전역에 애플페이가 보편화되어 있고 레볼루트 카드 역시 다른 통화로 결제할 때 환전 수수료가 없어 부담 없이 사용할 수 있었다.

후배 유학생을 위한 선배 유학생의 TIP

영국은 "현금 없는 사회"
대부분 비접촉 결제, 현금은 거의 사용하지 않음.

교통카드(오이스터) 없이도 OK
트래블 카드나 애플페이만으로 런던 대중교통 이용 가능.

현지 계좌는 선택이 아닌 필수
월세, 공과금 이체, 동료들과의 송금 등 계좌 필요성 높음. 레볼루트나 몬조 같은 인터넷 은행으로도 충분.

목돈 결제 전엔 카드사 이벤트 확인
학비 등 큰 금액은 캐시백 등 이벤트 적극 활용.

유럽 여행 중엔 트래블 카드가 편리
환전·ATM 수수료 無, 실시간 환율 적용. 점검 시간은 시차를 고려해서 염두에 둘 것.

속 터지는 통신사 경험

현지 통신사 가입은 필수다. 한국 번호로 오는 문자와 전화를 놓치고 싶지 않아 회선을 정지하지 않고 가장 저렴한 요금제로 변경해 유지했다. 동시에 듀얼 SIM 기능을 활용해 현지 회선을 추가할 계획이었다. 내 휴대전화는 물리 SIM 슬롯이 하나뿐이라 두 회선을 함께 쓰려면 최소 한 회선은 eSIM으로 개통해야 했다. 혹시 현지에서 휴대전화를 교체해야 하는 상황을 대비해 한국 회선은 물리 SIM으로 유지하고 현지 회선을 eSIM으로 이용할 생각이었다.

비자 센터에서 받은 7GB 선불 SIM 카드에 의지한 채 런던에 도착했다. 집을 구하면서 부동산과 연락을 주고받으려면 현지 번호가 꼭 필요했다. 서둘러 eSIM을 지원하는 통신사를 찾다가 "라이카모바일(Lycamobile)"이라는 통신사를 알게 되었다.

영국에는 한국의 3대 이동통신사처럼 4대 대형 통신사(Mobile Network Operator, MNO)가 있고 이들의 망을 임대해 운영하는 가상이동통신망사업자(Mobile Virtual

Network Operator, MVNO)가 있다. MVNO는 한국에서 "알뜰 통신사"라고 부르는 그것이다. 대형 통신사는 요금이 비싸고 가입 절차가 까다로웠다. MVNO 중에 eSIM을 지원하는 곳은 버진 모바일(Virgin Mobile)과 라이카모바일 두 곳이 있었다. 이 중 라이카모바일이 비대면으로 즉시 eSIM을 내려받아 개통할 수 있어서 선택했다.

월 50GB의 데이터를 제공하는 요금제가 12개월에 144파운드(약 25만 원)로 비슷한 데이터 용량을 제공하는 한국보다 저렴했다. 한 번에 12개월 치를 선납하는 방식은 낯설었지만, 당장 개통이 필요했기 때문에 주저 없이 결제했다. 결제하자마자 바로 개통되어 사용할 수 있었다. 체감 속도는 한국의 3G와 LTE 사이 정도로 5G망을 쓰는 것 치고는 느렸다.

그러다 9월 말, 휴대전화를 교체하면서 문제가 발생했다. 기존에 사용하던 eSIM을 새 휴대전화로 옮기기 위해 라이카모바일 홈페이지를 통해 전송을 시도했는데 계속 실패했다. 고객센터에 전화로 문의해도 그들은 형식적인 매뉴얼 답변만 반복할 뿐 문제를 해결하지 못했다. 결국 eSIM 사용을 포기하고 물리 SIM으로 전환했다. 기존 휴대전화를 한국 회선 전용으로 유지하고 새 휴대전화를 영국 회선 전용으로 사용하기로 했다. 그 뒤로는 더 이상 통신사와 관련한 문제는 없을 거로 생각했다.

하지만 곧 예상하지 못했던 큰 문제가 발생했다. 개통 2개월 차에 대용량 파일을 전송하다가 50GB의 데이터를 모두 소진한 것이 발단이었다. 잔액(Balance)을 충전(Top-Up)한 뒤 임시로 1개월짜리 무제한 요금제를 사용했는데 해당 요금제의 기간이 만료된 뒤에 기존 요금제로 되돌리는 과정에서 문제가 생겼다. 당시 라이카모바일은 갑자기 홈페이지 개편에 들어가서 온라인 서비스 이용이 불가능했다. 요금제 변경을 직접 할 수 없었다. 전화상담은 기술적 문제로 인해 중단되었다는 자동 응답 메시지만 반복될 뿐이었다. 이메일 문의만 가능하다고 안내되어 있어 여러 차례 이메일을 보냈지만, 아무런 답변도 받지 못했다. 홈페이지 개편이 끝나기만을 기다리며 급한 대로 여행용 eSIM을 구매해 데이터 전용으로 사용했다. 하지만 예상보다 개편 기간이 길어지면서 추가로 eSIM을 구매해야 했고 누적 비용이 10만 원이 넘어가면서 부담이 커졌다. 이미 라이카모바일에 12개월 치 요금을 선납한 상태였기에 추가로 발생하는 비용이 아까웠다.

드디어 홈페이지 개편이 완료된 날, 기대를 안고 로그인했는데 뭔가 심상치 않았다. 나의 계정 정보 일부가 조회되지 않았고 가입한 요금제와 결제 기록도 확인할 수 없었다. 일부 데이터가 유실된 것처럼 보였다. 전화상담은 여전히 불가능했고 이메일에도 답변이 없었다. 더 이상 답변만 기다릴 수는 없었다. 라이카모바일을 계속 사용하려면 새 요금제를 다시 결제하는 방법밖에 없었다. 이미 12개월 치 요금을 낸 상태에서 추가 비용을 지출하기 싫었다. 앞선 경험을 통해서 라이카모바일을 더이상 신뢰할 수 없었다. 이미 낸 금액은 잊기로 하고 다른 통신사로 갈아타기로 했다. 이미 사용 중이던 영국 현지 번호를 유지한 채 통신사를 변경하는 과정은 어렵지 않았다.

주변 동료들의 통신사 사용 후기를 참고할 수 있었다는 점은 다행이었다. 많은 동료가 복시(Voxi)를 추천했다. 복시는 보다폰(Vodafone) 망을 사용하는 알뜰 통신사로 월 12파운드(약 2만 원)에 60GB 데이터를 제공했다. 요금을 매달 결제하는 방식이라 부담이 적었고 소셜 미디어와 멀티미디어 사용 시에는 데이터가 차감되지 않아 사실상 무제한처럼 느껴졌다. 지하철역에서 보다폰 와이파이를 무료로 이용할 수 있는 것도 장점이었다. 해외여행에서도 유용했다. 아일랜드에서는 로밍 없이 기존 요금제를 그대로 사용할 수 있었으며 다른 유럽 국가에서는 저렴한 요금으로 로밍 서비스를 제공했다.

복시로 변경한 뒤로는 아무런 문제가 없었고 전반적으로 만족스러웠다. 한국에 돌아온 뒤에도 현지 부동산과의 연락 때문에 영국 번호를 유지해야 했는데 추가 요금 없이 번호가 유지됐고 문자 수신도 가능해서 유용했다.

한편, 라이카모바일 고객센터에서는 통신사를 변경한 지 약 3주가 지나서야 답변이 왔다. 그러나 내용은 황당했다. 내 번호가 더 이상 라이카모바일에서 관리되지 않으므로 문제를 해결해 줄 수 없다는 것이었다. 사용하지 못한 기간에 대한 환급을 요청했지만, 몇 달이 지나도록 아무런 답변이 없었다. 한국에서는 상상할 수 없는 일이었다. 법적 조치를 취할 방법을 찾아보니, 먼저 라이카모바일로부터 "교착 상태 확인서(Deadlock Letter)"를 받은 뒤 외부 기관에 민원을 제기해야 했다. 그러나 라이카모바일이 나의 공식적인 불만 접수에 답변을 하지 않았기에 8주가 지나야 신청할 수 있었고 이후 중재에 4~6주, 최종 환급까지는 추가로 120일이 걸릴 수 있다는 사실을 알게 되었다. 약 20만 원을 돌려받자고 6개월 가까이 소모전을 벌이는 건 내 정신 건강에 좋지 않겠다는 생각이 들었다. 포기했다.

후배 유학생을 위한 선배 유학생의 TIP

요금제는 유연하게 준비
한국 회선은 1천 원 전후의 저렴한 요금제로 유지 시 전화와 문자 수신 가능. 듀얼 SIM 기능 활용하여 현지 연락과 한국 연락 모두 놓치지 않기.

현지 통신사 선택은 신중하게
"실사용 후기" 꼭 확인할 것. 선불 요금제라도 신뢰할 수 있는 통신사인지, 고객 응대 품질은 어떤지 확인 필요. 지하철 와이파이 지원 여부도 중요. 한국보다 저렴한 통신비 하지만 품질은 낮음.

통신사 변경은 간단, 번호 유지도 가능
약정 없이 이용하다 변경하는 것도 방법. 셀프로 번호 이동하는 절차는 매우 간단함.

고객센터 시스템이 한국과 매우 다르다
피해를 보더라도 증명하고 보상받기 위한 절차가 복잡하고 장기간 소요됨. 소액이라면 포기하는 것이 현실적인 선택이 될 수 있음.

CHAPTER 3

RCA에서의
하루하루

MRes
프로그램 개요

MRes는 Master of Research의 줄임말로 "엠레스"라고 발음한다. 굳이 번역하면 "연구 석사" 정도가 적절할 것이다. 이 과정은 연구 중심의 석사 프로그램으로 RCA에서는 박사 과정의 준비 단계로 여겼다. RCA가 운영하는 대부분의 프로그램은 MA(Master of Arts), 일반적인 예술 대학의 석사 학위와 같다. 반면, MRes는 나뿐만 아니라 다른 전공 동료들에게도 생소한 학위였다. RCA에 지원하기 전까지는 MRes에 대해 전혀 알지 못했다.

홈페이지에서는 MRes를 학문과 실천을 융합한 연구 중심 석사 과정으로 소개하고 있다. "여러 분야를 다학제적 관점에서 탐구하며 새로운 사고와 실천 방식을 배울 수 있는 과정"이라는 설명이 마음에 들었다. 또한, "경력 전환을 지원하며 연구자로 성장할 기회를 제공한다."는 점도 나에게 매력적이었다.

나는 연구 기반 디자인을 공부한 뒤, 이전 경력과 결합해 새로운 분야로 나아갈 계획이었다. 일상에서 마주하는 제품, 기능, 서비스는 모두 철저한 설계를 통해 만들어진다. 나는 이 설계 역시 디자인의 일부라고 생각한다. 디자인은 단순히 보이는 것을 넘어서 인간을 이해하고 돕는 일이자, 사회 전반을 구성하는 핵심 요소다. MRes 프로그램이 강조하는 "연구와 실천"의 방향성은 내가 추구하는 목표와 맞닿아 있다고 판단해 지원했다.

MRes의 공식 프로그램 명칭은 "Master of Research RCA"를 사용한다. 이 과정은 건축, 예술 & 인문, 디자인, 커뮤니케이션 네 개의 세부 전공으로 구성되어 있다. 나는 GUI 개발자로 경력을 쌓으며 제품과 사용자 간의 커뮤니케이션을 다뤘고 포트폴리오에서는 인간관계와 감정을 탐구하는 작업이 중심을 이루었다. 이러한 바탕으로 커뮤니케이션 분야가 나와 가장 잘 맞을 것으로 판단해 Communication Design Pathway에 지원했다.

2022년까지는 각 세부 전공이 각 대학원에 소속되어 있어서 전공에 따라 사용하는 캠퍼스가 달랐다. 예를 들어, 건축은 켄싱턴 캠퍼스의 건축 대학원에, 커뮤니케이션 디자인은 화이트 시티 캠퍼스의 커뮤니케이션 대학원에 속해 있었다. 이 정보를 참고해 나는 화이트 시티 캠퍼스를 사용할 것으로 예상하고 그 근처에서 집을 찾고 있었다. 하지만 수업 시간표가 공개된 뒤에 2023년부터는 MRes 프로그램이 특정 대학원이 아닌 학업 개발 사무국(Academic Development Office)에 소속되어 모든 수업이 켄싱턴 캠퍼스에서 진행된다는 사실을 알게 되었다.

> **후배 유학생을 위한 선배 유학생의 TIP**

MRes는 "연구 중심" 석사 과정
일반적인 MA(Master of Arts)와 달리 박사 과정 준비 및 경력 전환에 적합한 프로그램.

다학제적 사고와 실천을 강조
다양한 전공 출신 동료가 함께하며 실무 + 이론 + 연구가 융합된 학습 구조.

1학기:
적응과 탐색

개강 첫날, 켄싱턴 캠퍼스 지하에 있는 강당에서 MRes 오리엔테이션이 열렸다. 오리엔테이션은 학과장 역할을 하는 "헤드(Head)"의 환영 인사로 시작되었고, 이어서 각 세부 전공을 담당하는 교수진의 발표가 이어졌다. 대부분의 내용을 이해할 수 있었지만, 몇몇 교수의 억양이 익숙하지 않아 더욱 집중해서 들어야 했다. 유학 생활이 본격적으로 시작되었음을 실감한 순간이었다.

오리엔테이션이 끝난 뒤 하이드 공원에서 열린 피크닉에 참여했다. 피크닉은 학생자치회(Student Union)가 켄싱턴 캠퍼스를 사용하는 학생을 위해 주최한 행사였다. 여러 전공의 학생이 자유롭게 교류하는 자리였지만, 직전까지 함께 오리엔테이션에 참여했던 MRes 교수진과 동료들이 자연스럽게 한데 모였다. 인사를 나누며 다과를 즐겼고 서로 국적, 경력, 선택한 세부 전공, 집을 구했는지 등을 이야기하며 가까워졌다. 이날 대화를 나눈 동료들과는 졸업할 때까지 가깝게 지내는 사이가 되었다. 만약 피크닉에 가지 않았다면, 학교생활이 외로웠을 것 같다.

첫 주는 "소셜라이징(Socializing)"에 초점이 맞춰졌다. 피크닉을 시작으로 환영 파티(Welcome Party), 친목 교류(Friendship Mixer), 국제 학생 교류(International Student Mixer) 등 다양한 행사가 이어졌다. 본격적인 수업이 시작되기 전이라 설레는 마음으로 가능한 한 모든 교내 행사에 참석했다. 일부 행사는 선착순으로 마감되기도 했다. 행사는 시간과 장소만 정해져 있을 뿐 참가자들이 자유롭게 어울리는 방식이었다. 빙고 게임을 하거나 테이블을 공유하며 자연스럽게 대화가 오갔다. 이 기간에 MRes 프로그램 소속 동료들과 더 깊이 이야기를 나눌 기회가 있었고, 다른 프로그램의 동료들과도 인사를 나누며 교류할 수 있었다. 이 과정에서 다른 프로그램에 속한 한국인 동료들도 더 많이 알게 되었다. 돌이켜보면 필수적인 행사들은 아니었지만, 유학 생활의 시작을 실감하며 다양한 동료들과 친분을 쌓을 소중한 기회였다.

RCA의 학사 일정은 1년 동안 세 개의 학기로 구성되는데 학기를 텀(Term)이라고 부른다. 2년제 전공은 여섯 학기로 구성된다. 한 학기는 한국과 비슷하게 15주 동안 진행됐다. 학기 중반에 일주일간의 자율 학습 기간(Independent Study Week)이 있는데 이를 기준으로 두 개의 유닛(Unit)으로 나뉘었다. 전반부와 후반부 느낌이다. 1학기 유닛 1은 프로그램 세미나를 중심으로 진행했다. 유닛 2부터는 선택 과목(Elective Unit) 두 개와 개인 연구가 시작되었다. 2학기는 유닛 1에 선택 과목이 진행되었고 이후 유닛 2부터 3학기 전체는 개인 연구에 집중하는 기간이었다. 수업의 수는 많지 않았고 석사 과정답게 스스로 고민하고 연구하는 시간이 많이 요구되었다. 학사 일정이 막바지로 갈수록 수업은 더 줄어들었고 개인 작업과 개별 면담 위주로 진행되었다.

개별 면담은 각 전공의 교수진과 정해진 시간 동안 연구 방향, 진척 상황, 피드백, 그리고 어려움에 대해 논의하는 자리였다. 필수 면담은 정해진 날짜와 시간에 배정되었고 선택 면담은 개별적으로 신청해야 했다. 면담 시간은 짧으면 15분, 길게는 30분 가량 진행됐다.

선택 과목은 MRes뿐만 아니라 일부 다른 프로그램(MFA, MDes, MEd) 동료들과 함께 진행됐다. 교양 과목과 비슷한 성격이었다. 1학기와 2학기에 각각 두 과목씩 수강해야 했는데 선착순 신청이 아닌 알 수 없는 기준에 따라 배정됐다. 1학기 초에 학사 관리 시스템(Moodle)에서 학기별로 1지망부터 4지망까지 과목을 선택하는 기간이 있었다. 선택 기간이 끝나기 전 교수진이 수업 내용을 소개하는 발표회가 열렸다. 그 자리에서 한 교수가 이렇게 말했다. "네가 선택한 수업에 배정되지 않더라도, 그 수업을 기꺼이 즐겨라. 그것 또한 좋은 경험이 될 것이다." 이 말을 들으니 배정 방식이 무작위일 것 같다는 생각이 들었다. 최종 배정된 네 과목 중 두 개는 내가 선택했던 과목이었고 나머지 두 개는 1~4지망 어디에도 넣지 않았던, 전혀 예상 밖의 과목이었다.

MRes 프로그램은 철저하게 독립적인 연구 주제를 중심으로 진행되었다. 주제는 학생 본인이 직접 고민하고 설정해야 했다. 교수진은 연구 방법, 방향, 깊이에 대한 수업을 제공하며 면담을 통해 학생들에게 구체적인 피드백을 제시했다. 때로는 유명 예술가나 연구자를 초청한 세미나가 열렸고 특정 연구 방법을 다루는 워크숍도 진행되었다. 소리, 인터뷰, 글쓰기, 말하기, 장소에 대한 반응, 장소에 대한 글쓰기, 산책학(Strollology) 등을 주제로 한 다양한 워크숍들은 늘 흥미로웠다. 모두 생소한 주제들이었지만 매 순간 즐겁게 참여했다.

모든 수업의 성적 평가는 공식적으로 합격(Pass), 수정 조건부 합격(Pass Subject to Corrections), 재평가(Referral) 중 하나로 매겨졌다. 평가 기준은 학생이 어떤 조사를 기반으로 얼마나 다양한 시도를 전개했는지, 그리고 진행 과정에서 본인만의 서사와 논리를 얼마나 잘 구성하고 설명했는지에 중점을 뒀다. 교수진은 학생들에게 많은 질문을 던졌고 이를 논리적으로 설득하거나 반론하는 과정을 중요하게 여겼다. 수정 조건부 합격은 1~2주 내로 추가 수정을 통해 기준을 충족할 수 있는 상태에 해당했으며, 재평가는 평가 기준에 미달하여 보다 세부적인 작업과 보완이 필요하다고 판단될 때 내려졌다. 재평가를 받은 학생은 14주 이내에 수정과 보완을 완료해야 하는데 이는 사실상 낙제였다.

점수가 부여되지 않았기 때문에 석차가 존재하지 않았다. 출결이 평가에 전혀 반영되지 않는 것은 의아했다. 출석부를 부른 적이 한 번도 없었고 전체 학생의 10%만 참석한 수업도 있을 만큼 출석률은 개인의 의지였다. 자의인지 타의인지는 알 수 없었지만, 시간이 흐를수록 보이지 않는 동료들도 있었다. 다른 프로그램 동료들의 이야기에 따르면 낙제 후 다음 해에 재수강하거나 도중에 자퇴하는 경우도 있다고 한다. 나는 다행히도 모든 과목에서 한 번에 합격 평가를 받았다.

생소했던 문화 중 하나는 "워킹 런치(Working Lunch)"였다. 가끔 오전 수업과 오후 수업 사이에 2시간의 공백이 있었다. 처음 시간표를 봤을 때는 이 시간을 활용해 멀리 나가 식사를 하거나 다른 프로그램 동료를 만날 계획을 세웠다. 하지만 수업에 가보니 오전 수업이 끝날 때 과제를 줬다. 점심을 먹으면서 동시에 과제를 하라는 것이었다. 짧은 시간 고민하고 결과를 만들어내는 방식이었다. 오후 수업에서는 점심시간에 수행한 과제를 공유하며 피드백을 주고받았다. 과제는 매번 달랐지만 대체로 간단한 편이었다. 도서관에서 책을 찾아오거나, 오전 수업에서 배운 내용을 바탕으로 글을 작성하는 정도였다. 다만, 과제를 해오지 않은 학생은 교수진으로부터 질타를 받기도 했다. 어떤 날은 1시간만 주어질 때도 있었다. 이런 날은 오후 수업 출석률이 눈에 띄게 저조했다. 짧은 시간 동안 완성한 과제가 의외로 유용하기도 했다. 제한된 시간 속에서 빠르게 아이디어를 발전시키고 결과물을 만들어내는 경험은 독특하면서도 유익했다.

동료들은 1970년대생부터 2000년대생까지 연령대의 폭이 넓었다. 국적도 유럽, 아프리카, 동남아시아, 동북아시아, 오세아니아, 중동 등으로 다양했다. 교수진 역시 연령대와 경험이 서로 달라서 여러 분야와 문화를 간접적으로 경험할 수 있었다. 이는 유학 생활의 장점 중 하나였다. 놀랍게도 많은 동료가 이미 자신의 연구와 관련된 석사 학위를 보유하고 있었다. RCA에서만 두 번째 석사를 하거나 RCA 박사 과정에 지원했지만, MRes 과정을 먼저 수료한 뒤 박사 과정에 진학하라는 권유를 받고 온 동료도 있었다. 나는 석사 학위가 없었음에도 10년 이상의 경력 덕분에 동료들에게 존중받았고 이 경력이 입학에도 긍정적인 영향을 미쳤다고 느꼈다. 같은 세부 전공에 속해 있어도 각자의 배경이 달랐기 때문에 의견을 나눌 때마다 새로운 시각을 접할 수 있어 흥미로웠고 매 순간 배움이 되었다.

MRes 프로그램에는 나를 포함해 한국인은 총 세 명 있었고 전체 70명 중 약 5%에 해당하는 비율이었다. 디자인 전공에서는 내가 유일한 한국인이었다. 다양한 연령대, 출신 국가, 경험을 가진 동료들과 함께 학습하고 교류하며 새로운 시각을 배울 수 있는 환경은 매우 값진 경험이었다.

1학기 유닛 1이 끝날 무렵, 처음으로 평가 대상인 연구 제안서 발표가 있었다. 발표 순서는 이름 순서로 정해진다고 했는데 내 성씨가 영어로는 "C"로 시작하기 때문에 앞 순번이 될 것으로 예상했다. 그런데 커뮤니케이션 디자인 전공에는 "A"와 "B"로 시작하는 성을 가진 동료가 없어 예상보다 더 앞인 첫 번째 발표자가 되었다. 학창 시절엔 최 씨라서 항상 끝 순서였는데, 난생처음 첫 번째 발표자가 됐다. 영어로 발표하는 것도 처음인데 순서까지 처음이라 더 긴장했다.

발표 시간은 정해져 있고 발표 자료의 구성은 정해진 형식이 있어 준비하는 것이 어렵지는 않았다. 그러나 영어로 발표한다는 부담감 때문에 떨렸다. 최대한 내용을 외우고자 노력했지만 완벽하진 않았고 혹시 몰라 스크립트를 준비해 갔다. 다행히 큰 실수 없이 발표를 마쳤다. 발표가 끝난 후 교수님은 내가 첫 번째로 발표하는 것이 얼마나 부담스러웠을지 공감해 주시며 외국인 학생으로서 영어 발표를 성공적으로 해낸 것을 칭찬하며 격려해 주셨다. 발표가 끝난 뒤에도 한동안 심박수가 요동쳐서 뒤 순번 동료들의 발표에 한동안 집중하지 못했다.

연구 제안서 주제는 가죽 공예와 지속 가능성에 초점을 두긴 했지만, 아직 세부적인 내용을 정하지 못한 상태였다. 이후 진행 예정인 개별 면담을 통해 구체적인 방향을 잡아갈 계획이었다. 모든 동료의 발표가 마무리되고 일주일간의 자율 학습 기간이 시작됐다. 발표에 대한 평가 피드백은 이메일로 받았고 이를 바탕으로 개별 면담에 필요한 질문을 준비했다.

첫 개별 면담은 11월 초에 이루어졌다. 교수님과 처음으로 일대일 대화를 나누는 자리였기에 간단히 나에 대해 소개하고 나의 배경과 경험이 연구 주제로 이어진 과정을 설명했다. 서면 피드백을 참고해 질문을 준비해 갔지만, 교수님은 첫 질문부터 깊이 고민하시며 명확한 답변을 주지 않으셨다. 개인별로 할당된 20분의 면담 시간이 빠르게 지나갔고 더 자세한 논의는 이메일로 이어가기로 하며 면담이 마무리됐다. 약간 허탈한 기분이 들었다.

이후 교수님과 이메일로 질문과 답변을 몇 차례 더 주고받았다. 하지만 마지막 답장은 전혀 예상치 못한 내용이었다. 이전 이메일과는 달리 학과장, 다른 교수진, 프로그램 대표 계정이 수신인으로 포함되어 있었는데 그 내용이 나를 더욱 놀라게 했다. "교수진이 너의 연구 주제를 논의한 결과, 현재의 커뮤니케이션 전공보다는 디자인 전공과 더 잘 맞으며 그곳에서 진행하면 더 많은 도움을 받을 수 있을 것이라는 판단을 내렸다."라는 내용이었다. "디자인 전공이 너의 연구에 필요한 전문 지식을 더욱 집중적으로 활용할 수 있는 환경을 제공할 것"이라며 전공 이동을 제안했다. 교수진이 학생에게 직접 "전과"를 제안한 상황이었다. 일반적으로 전과는 학생이 신청하는 것 아닌가? 교수진이 먼저 제안한다는 사실이 꽤 낯설고 의아하게 느껴졌다.

Rosa Woolf Ainley <rosa.ainley@rc Wed, 8 Nov 2023, 23:48
to me, Esther, Keara, Michiko, Michael

Dear Jihun,
I hope all is good with you.

Following on from our discussions about your research project, I have talked further with Esther about a good route for you. I'd like to suggest that moving into the Design pathway would give you access to more focused expertise with Michiko and Michael as pathway leaders. This is optional of course but we think this would make a better fit in relation to your work and help you to progress your project.

이 이메일을 받고 여러 가지 생각이 떠올랐다. 커뮤니케이션 전공의 담당 교수님은 배려심 많고 인자한 할머니 같은 분이셨다. 비록 두 달이라는 짧은 시간이었지만 교수님이 정말 좋은 분이라는 확신이 있었다. 인연이 여기까지인 것 같아 아쉽기도 했다. 한편으로는 교수님이 나를 진심으로 대했기에 이런 제안을 했다고 생각했다. 나의 연구를 위해 더 나은 방향을 고민하고 제안해 주셨다는 점이 감사했다. 돌이켜보니 이전에 이상하게

느꼈던 상황들이 이해됐다. 연구 제안서를 발표했던 날, 다른 동료들의 주제는 대체로 유사한 흐름을 가지고 있었지만, 내 주제만 유독 다르다는 느낌을 받았다. 개별 면담에서 교수님이 내 질문에 즉각적인 답변을 하지 못했던 것도 그 분야가 교수님에게 생소했기 때문이라는 추측이 자연스럽게 이어졌다. 전공 이동 제안을 감사히 받아들이며 디자인 전공으로 이동하게 됐다. 개강한 지 두 달이 되어가던 시점이었다. 졸업생으로부터 전과가 드물지 않다는 이야기를 듣긴 했지만, 당사자가 나일 줄은 예상하지 못했다. 교수진의 배려와 진심 어린 조언 덕분에 더 적합한 환경에서 새롭게 시작할 수 있게 된 것은 어쩌면 큰 행운이었다.

1학기 유닛 2는 디자인 전공에서 시작했다. 다행히 디자인 전공에 개강 첫날 피크닉에서 친분을 쌓은 동료들이 있어 적응하는 데 도움이 됐다. 디자인 전공은 커뮤니케이션 전공보다 더 실험적이고 실천 위주의 방식으로 진행됐다. 이전에 디자인 전공의 교수진이 주관한 워크숍에 참여해 그들과 대화를 나눈 적이 있었다. 사실 그때 받은 조언이 이미 연구 주제에 영향을 미치고 있었다. 디자인 전공으로 옮긴 뒤 첫 개별 면담 날, 교수진은 그때 나와 나눈 대화 내용을 기억하고 있었다. 전과에 이어 RCA의 교수진이 학생들에게 많은 관심을 가지고 있고 진심으로 대한다는 걸 다시 한번 느낀 순간이었다. 교수진은 나의 이전 경험과 현재 관심사를 바탕으로 구체적인 조언을 해주며 "네가 흥미를 느끼고 하고 싶은 것을 시도하라."라고 조언했다. 예술 교육에 익숙하지 않은 나를 위해 여러 예시를 들어 주었고 참고 자료도 많이 추천했다. "예술 학교라는 점에서 기존에 익숙한 방식을 깨는 것도 필요하지만, 공대 출신이자 개발자로서의 공학적 사고를 버리지 말고, 이를 나의 강점으로 활용하라."는 점도 강조했다. 전공을 이동한 뒤 다양한 시도를 이어가며 연구 주제를 점점 구체화할 수 있었다. 예상과 다른 결과가 나오거나 실수가 생기더라도 이를 과정 일부로 받아들이며 배울 점을 찾고 다음 실험에 반영했다.

유닛 2를 마치며 1학기 최종 평가를 위한 발표가 있었다. 유닛 1 때보다 더 구체화한 주제로 연구 범위를 좁혔고 여러 실험과 연구 과정을 공유하며 발표를 마무리했다. 발표 뒤 교수진은 동료들에게 나에 대해 간단히 소개했다. 내가 짧은 시간 동안 해낸 성과를 언급하며 잘 적응할 수 있도록 도와주었다.

유닛 2는 개인 연구와 선택 과목 두 개가 동시에 진행됐다. 하나는 내가 선택한 "디자인 윤리(Design Ethics: Design for Good Practice)" 수업이었고, 다른 하나는 MRes에서 주관하는 "협업과 학제 간 연구(Collaboration and interdisciplinarity as Method)" 수업이었다.

디자인 대학원이 주관하는 디자인 윤리 수업은 다른 프로그램 소속 동료들이 더 많았다. 수업은 전면 온라인으로 진행되어 동료들을 직접 만날 기회는 없었지만, 매주 팀 과제가 있어 협업할 일이 많았다. 주요 과제는 팀

별로 선택한 분야를 조사한 뒤 이를 바탕으로 "윤리 강령(Code of Ethics)"을 만드는 작업이었다. 우리 팀은 패션 분야의 "그린 워싱(Green Washing)"을 주제로 선정했다.

    RCA에서 처음이자 마지막이었던 팀 과제였다. 구성원은 나를 제외한 네 명이 모두 중국인이었는데 심지어 그들은 모두 같은 전공 소속이었다. 이 조합은 유닛 2 내내 나를 힘들게 만들었다. 수업은 월요일마다 있었는데 주중에는 연락이 되지 않다가 주말에 갑작스럽게 화상 회의로 과제를 진행했다. 내가 접속해 있는데도 불구하고 중국어로 대화하거나 협업 페이지에 중국어로 메모를 작성하기 일쑤였다. 과제 배분 역시 그들끼리 주중에 다른 수업에서 만나서 정한 뒤에 나에게 통보하는 형식이었다. 내가 맡은 분량이 과도하거나 난이도가 높은 것은 아니었지만, 진행할수록 무시당하는 느낌이 들었다. 매번 영어를 사용해달라고 부탁하고 과제 배분도 함께 논의하자고 여러 차례 이야기했으나 끝내 나아지지 않았다. 심지어 최종 제출 과제와 발표 슬라이드에는 내가 만든 자료의 내용만 짜깁기해 재편집된 자료가 사용되었다. 그 사실을 발표 중에 알아차렸을 정도였다. 선택 과목이었고 합격 평가를 받았지만, 팀 과제 경험은 매우 불쾌한 기억으로 남아있다.

    협업과 학제 간 연구에 관한 수업은 매우 유익한 경험이었다. 이 수업은 MRes 소속 동료 모두에게 배정돼 마치 교양 필수 과목 같았다. 수업의 핵심은 철저한 연구와 조사를 기반으로 제작된 작품들과 제작 과정이 체계적으로 기록된 사례들을 관람하고 분석하는 데 있었다. 이를 통해 각자의 연구 과정을 체계적으로 기록하고 이를 발전시키는 방법을 배우는 것이 목표였다. 수업 중 관련된 전시를 함께 관람하러 가는 활동도 포함되어 있었고 각자의 연구 과정을 기록하는 "보관(Archiving)" 초안을 공유하고 동료들과 의견을 나누는 시간도 가졌다. 나는 바이오 소재 개발 과정을 잡지 형태로 제작해 발표했다. 이 수업을 통해 연구 과정을 꼼꼼히 기록하는 것의 중요성과 이를 통해 본인의 서사를 효과적으로 구축하는 방법을 배울 수 있었다.

후배 유학생을 위한 선배 유학생의 TIP

각종 행사는 인간관계의 시작점
교수진, 동료들과 자연스럽게 친해질 기회. 초기 교류가 유학 생활 내내 든든한 네트워크가 된다.

평가 기준 파악하기
Pass/Fail일지라도 각 기준은 미리 파악해 둘 것. 출석 확인이 없는 만큼 자율성 높고 책임도 큼.

"워킹 런치" 문화: 점심시간도 과제 시간
짧은 시간에 집중해서 정리하는 능력 키우기에 유용.

전과도 가능
내가 요청하거나 교수진 제안으로 전과가 가능. 담당 교수와 충분히 논의해 볼 것.

선택 과목은 희망과 다르게 배정될 수도 있음
선착순이 아니며 무작위에 가까운 배정. 하지만 그 수업도 충분히 유익할 수 있다.

2학기:
심화와 확장

1학기를 마치고 짧은 겨울 방학을 보낸 뒤, 1월 초에 2학기가 시작되었다. 2학기의 유닛 1은 선택 과목 중심으로 시작되었다. 내가 선택한 과목 중 하나인 지속 가능성에 초점을 맞춘 "회복탄력성 디자인(Design Resilience: Sustainability)" 수업과 전혀 예상하지 못했던 "디지털 변환(Synthetic Encounters: Shapeshifting the Digital)" 수업이 배정됐다. 회복탄력성 디자인 수업은 디자인 대학원이 주관하며 배터시 캠퍼스에서, 디지털 변환 수업은 예술 & 인문 대학원이 주관하며 전면 온라인으로 진행됐다. MRes 프로그램의 워크숍, 강의, 그리고 개별 면담도 꾸준히 이어졌다.

회복탄력성 디자인 수업은 디자이너가 바라보는 지속 가능성과 회복탄력성을 다루며 토론 위주로 진행됐다. 수업의 주제를 떠나 비평적으로 접근하는 방식을 배웠다. 교수님은 매번 "왜?"라는 질문을 던지며 학생들의 의견에 반대하거나 구체화를 요구했다. 동료와 교수님을 설득하는 일은 매 수업

도전이었다. "모든 것을 만족시킬 수는 없으니, 대상과 목적을 구체화하고 좁혀라."라는 교수님의 조언이 기억에 남는다. 예를 들어, 어떤 생각을 제시하면서 "사람들은 이러한 이점을 얻을 수 있다.(People can gain advantages…)"와 같은 표현으로 설명을 이어가면 교수님은 즉시 말을 끊고 "모든 사람이 아니고 일부.(Not all people, just some people.)"라고 바로잡았다. 덕분에 논리를 구체화하는 연습을 할 수 있었다. 수업의 목표는 생각을 행동으로 옮기고 지역사회에서 지속 가능한 관행을 발전시키는 방식을 탐구하는 것이었다. 나는 생분해성 소재로 제작된 장바구니를 활용해 지역사회에서 적용할 수 있는 순환 구조를 제안하는 프로젝트를 최종 과제로 제출했다. 교수님은 특유의 비판적인 시각으로 수업 기간이 짧아 모든 내용을 충분히 다루지 못했음을 언급하면서 내가 제안한 순환 구조에 대해서는 긍정적인 평가를 내렸다.

디지털 변환 수업은 "형태 변화(Shapeshifting)"를 디지털로 진행한 작업 사례와 도구를 소개하며 시작되었다. 시각 자료가 중심이었기 때문에 온라인 수업 환경이 오히려 적합했다. AI를 비롯해 최근 많이 활용되는 시각화 도구를 예로 들어 설명했고 디지털 작업을 하는 예술가를 초청한 세미나도 진행됐다. 하루에 일곱 개의 갤러리를 탐방하는 현장 학습도 포함되어 있어 흥미로웠다. 나는 감정을 숨기거나 변화시키는 도구로서의 "탈(Mask)"에 주목한 작업을 진행했다. 탈이 인간의 감정을 감추거나 다른 형태로 표현하며 감정 자체를 변화시키는 역할을 한다는 점에서 영감을 얻었다. 이후 내가 제작한 탈을 3D 스캔해 블렌더(Blender)를 활용해 3D 애니메이션으로 디지털화하는 작업을 시도했다. 교수는 탈 자체가 형태 변환의 도구라며 이를 디지털로 전환한 시도를 긍정적으로 평가하며 수업이 마무리됐다.

1학기 유닛 2와 비교했을 때 2학기 유닛 1은 체감상 더 빠르게 지나간 듯했다. 선택 과목들은 교양 수업처럼 가볍게 다루는 경향이 있어 심화 학습을 하기에는 기간이 짧고 내용도 부족하다는 아쉬움이 있었지만, 네 과목 모두 이전에 접해보지 못한 방식과 주제를 다뤄 흥미롭고 유익한 시간이었다.

2학기의 전공 수업은 개별 면담과 워크숍을 중심으로 진행됐다. 개별 면담에서는 이전 면담 이후 진행한 연구 과정을 공유하며 피드백을 받았다. 면담을 거듭할수록 교수진의 질문은 더욱 날카로워졌다. 면담에서 지적받은 부분을 보완하고 질문에 답변하기 위한 논리를 강화하기 위해 더 많은 고민과 연구가 필요했다. 평일에는 주로 도서관에서 논문과 기사 등 관련 문헌을 탐색하며 논문 초안 작성에 몰두했고 주말에는 집에서 재료 실험을 진행했다.

워크숍은 다양한 주제로 진행되었는데 주제에 따라 진행 방식도 크게 달랐다. 주로 연구 방법에 관한 것이었지만 흥미로운 내용이 많아 환기가 됐다. 공통점은 소규모 인원이 참여하며 실습 위주로 진행된다는 점. 일방적인 강의보다 집중하기 쉽고 유익했다. 교수진, 동료들과 의견을 나누거나 다른 이들의 작업 과정을 관찰하면서 새로운 인사이트를 얻을 수 있었다.

또한, 동료들과의 개인적인 대화도 주로 워크숍에서 이루어져 자연스럽게 친분을 쌓는 기회가 되었다.

도서관에서 자료를 찾아가며 논문을 작성하다가 막힐 때면 근처 미술관, 박물관, 갤러리를 방문해 새로운 자극을 얻고 참고할 만한 자료를 찾으러 다녔다. 이따금 열리던 워크숍과 강의는 점점 줄어들었고 홀로 연구를 이어가다 보니 내가 올바른 방향으로 가고 있는지 의문이 들기도 했다. 해야 할 일은 많았지만, 더디게 느껴지는 진행 속도에 점점 자신감을 잃고 지치기도 했다.

2학기에는 총 두 번의 발표가 있었다. 중간발표는 비슷한 작업을 하는 동료들과 그룹을 이뤄 진행했다. 발표보다는 "비평(Critique)"에 가까웠다. 1학기 최종 발표 때보다 훨씬 더 구체적인 질문과 날카로운 비평이 이어졌다. 교수진뿐만 아니라 동료들까지 설득해야 했는데, 나조차도 내 답변에 만족하지 못한 채 찝찝한 기분으로 마무리했다. 그래도 수업 후 교수진과 동료들이 내가 겪고 있는 어려움에 공감하며 적극적으로 도와주려는 모습은 큰 위로가 되었다. 그럼에도 여전히 갈 길이 멀게만 느껴졌다.

2학기 최종 평가 발표는 다른 전공과 합동으로 진행되었다. 평소보다 인원이 많아서였을까. 일반 강의실이 아닌 큰 지하 강당에서 발표가 이루어졌고 발표 순서는 여전히 영문 성 알파벳순이었다. 디자인 전공에는 "B"로 시작하는 성을 가진 동료가 있어서 나는 두 번째 순서였지만, 발표 당일 아침 교수님이 나를 찾아와 첫 번째 발표를 부탁했다. 첫 순서였던 동료가 건강 문제로 발표를 포기했기 때문이었다. 같은 전공 동료들 앞에서도 긴장되기 마련인데 이번에는 다른 전공의 교수진과 동료들까지 있어 부담이 컸다. 그러나 "매도 먼저 맞는 게 낫다."라는 생각으로 담담하게 발표를 시작했다. 다행히 강당 구조가 무대와 관객 사이 거리가 있어 예상보다 덜 부담스러웠다. 발표를 마치고 나니 후련했다. 교수진은 발표를 잘 시작해 줘서 고맙다고 하며 몇 가지 질문과 논평을 짧게 남겼다. 워낙 많은 인원이 발표하는 날이라 구체적인 피드백은 서면으로 제공되었다.

MRes 프로그램은 한 학기에 한 번씩 담당 교수진이 아닌 다른 전공 교수진과 개별 면담을 할 수 있는 기회가 있었다. 학사 관리 홈페이지에서 선착순으로 원하는 교수의 면담 시간표를 확인하고 예약하는 방식이었다. 1학기에는 예술 & 인문 전공의 교수님과 면담했지만, 분야가 너무 달라서였을까. 실질적인 도움은 되지 않았다. 2학기에는 학과장을 맡고 있는 교수님과 면담을 신청했다. 이 교수님의 면담은 항상 가장 먼저 마감될 정도로 인기가 많았다. 면담에서 현재 겪고 있는 어려움과 연구 방향에 대한 고민을 솔직하게 털어놓았다. 교수님은 고민하기보다는 다양한 시도를 해 볼 것을 권유하며 나의 연구에 도움이 될 만한 전시, 책, 작가, 사례 등을 바로 정리해 이메일로 공유해 주었다. 바이오 소재 실험과 관련해 "테크니션의 조언을 받고 싶지만 Natural Matters 워크숍의 예약이 열리지 않아 어려움을 겪고 있다."라고 이야기하자 학과장은 즉시 해당 워크숍의 테크니션에게 이메일을 보내 나를 도와달라고 요청했다. 덕분에 며칠 뒤 "비정기(Ad-Hoc)" 상담으로 테크니션을 만날 수 있었다.

"Natural Matters" 워크숍은 RCA 내에서 자연 재료를 다루는 연구실로, 테크니션은 한 명뿐이고 시설도 크지 않아서 상담 약속을 잡기조차 쉽지 않았다. 테크니션은 내가 그동안 실험하면서 제작한 소재 표본과 레시피를 검토했고 해당 연구실에서 만든 표본을 예로 들며 재료와 방법에 대해 구체적인 조언을 해 주었다. 이날의 조언을 계기로 더 다양한 형태의 실험을 추가로 진행할 수 있었고 의미 있는 결과를 얻을 수 있었다. 교수진, 테크니션, 동료들이 적극적으로 도와주고 있음에도 불구하고, 2학기는 체력적으로나 정신적으로 상당히 지친 시기였다.

후배 유학생을 위한 선배 유학생의 TIP

학기 후반으로 갈수록 "고립감" 커질 수 있음
수업보다 개인 연구 비중 높아지므로 스스로 방향 점검하고 리듬 조절 중요.

교수 면담 기회 적극 활용하자
다른 전공 교수 또는 학과장 면담은 인사이트와 실질적 지원 가능.

테크니션 활용은 연구에 큰 도움
교내 워크숍 이용 경쟁은 항상 치열. 급할 때는 교수를 통해서 요청하는 것도 방법.

3학기:
마무리

CHAPTER 3 RCA에서의 하루하루

3학기는 논문 작성에 집중하는 시기였다. 선택 수업과 강의는 없고 드물게 워크숍만 열렸다. 대신 개별 면담이 자주 있었다. 나머지 시간은 온전히 혼자 연구하고 논문을 쓰는 데 집중했다. 나는 매일 회사에 출근하듯이 도서관으로 가서 10시간 정도 논문 작성을 이어갔다. 토요일에도 별다른 일정이 없으면 도서관에 가는 것이 일상이었다.

면담할 때마다 해야 할 일이 늘어났다. 교수진의 조언을 수용하면서도 내가 계획했던 것들을 모두 해내기에는 물리적인 시간이 부족했다. 결국 우선순위를 정하고 선택과 집중을 해야 했다. 이제서야 조금 연구 방법과 RCA의 교육 방식에 익숙해지는 것 같다는 생각이 들 무렵, 어느새 졸업 논문을 마무리할 시기가 다가오고 있었다. 시간은 정직하게 흘렀고 나는 그저 최선을 다해 작업을 이어갈 뿐이었다.

6월 말, 영어로 총 6,000단어 분량의 학위 논문을 제출했다. A4 용지 기준 54쪽에 달하는 분량이었다. 논문 심사 기준은 "논문 중심 과정(Thesis Route)"과 "실기 중심 과정(Practice Route)"에 따라 달랐는데 나는 실험을 포함한 연구를 수행했기 때문에 실기 중심 과정에 해당했다. 논문에서는 연구의 목적을 정의하고 이론적·기술적 맥락을 명확히 설명해야 했다. 실기 진행 과정을 문서화하는 것도 중요한 평가 요소였다. 제목, 초록, 키워드, 목차, 연구 질문, 방법론, 개요, 논문의 구조, 참고문헌의 형식까지 모든 평가 기준은 사전에 제공됐다. 분량은 최소 4,000단어에서 최대 6,000단어였으며 주석,

부록, 참고문헌 등은 글자 수에 포함되지 않았다. 예술학교답게 논문의 형식은 자유로운 편이었다. 초안을 학부 시절 작성했던 실험 논문의 구조를 참고해 구성했더니 지나치게 "공학적(Engineering)"이라는 피드백을 받았다. 보다 유연하고 창의적인 구성이 필요했다. 전체적인 구조는 물론이고 글꼴과 글씨 색상, 이미지 배치 역시 자유롭게 설정할 수 있었다. 형식보다는 내용이 중요했다.

논문 제출 후에는 최종 "구술시험(Viva Exam)"만이 남아 있었다. 구술시험을 준비하는 과정에서 "자신감 있는 공개 연설(Public Speaking with Confidence)" 워크숍이 열렸다. 이 워크숍은 배우이자 연기 수업을 진행하는 전문 코치 "쿠리스 키리아쿠(Koullis Kyriacou)"가 진행했다.

워크숍 전에 사전 질문이 공유됐고 이에 대한 답변을 준비해 오라고 했다. 하지만 워크숍에서 코치는 전혀 다른 질문을 던졌다. 모두가 당황했다. 즉흥적으로 공개 연설 형식의 말하는 연습을 했다. 코치는 참가자 한 명씩 일으켜 세워 강의실을 걸어 다니게 했고 서 있는 자세와 손동작 등의 제스처, 눈의 초점, 표정 등을 구체적으로 교정해 주었다. 교정이 될 때까지 반복해서 시켰다.

나에게는 앞선 그 어떤 강의나 워크숍보다도 힘든 시간이었다. 곧 졸업을 앞둔 시점이었지만, 준비하지 않은 채 격식을 갖춘 영어 말하기는 여전히 어려웠다. 예상치 못한 질문에 당황했고 이는 표정과 제스처에 그대로 드러났다. 하지만 최종 구술시험 전에 부족한 부분을 알고 보완할 기회를 가진 것은 큰 도움이 되었다.

최종 구술시험은 만반의 준비 끝에 실수 없이 잘 마무리했다. 모든 질문에 주저 없이 답했고 자연스럽고 밝은 분위기 속에서 합격 평가를 받았다. 논문 역시 수정 요구나 재평가 없이 한 번에 통과했다. 이로써 MRes 과정의 모든 평가를 통과하며 졸업 요건을 모두 충족했다.

논문에 대한 피드백은 다행히도 긍정적이었다. 그중에서도 "비전공자로서 익숙하지 않은 영역에 도전하였고 연구 과정에서 관찰과 자료수집, 분석 과정의 세심함이 돋보였으며 이전 경험과 배경을 잘 활용했다."라는 평이 특히 기억에 남는다. 내가 겪은 시행착오와 고민의 과정들이 의미 있는 결과로 남았다는 점에서 스스로 뿌듯함을 느꼈다.

후배 유학생을 위한 선배 유학생의 TIP

3학기는 온전히 학업 집중 기간
수업 거의 없음, 개별 면담과 자율 연구가 전부.

자유로운 논문 형식
형식은 자유롭지만, 창의성과 논리, 과정의 문서화가 핵심.

RCA에서의 공식 일정은 이제 졸업식만을 남겨두게 되었다. 입학한 지 11개월 만에 마주한 순간이었다.

수업의 전반적인 분위기는 자유와 존중을 기반으로 했다. 휠체어를 타는 동료, 건강상의 문제를 겪고 있는 동료들이 있었는데 교수진은 이들을 항상 우선하여 배려하고 지원했다. 한국의 환경과 비교했을 때 차이를 느낀 순간도 여러 번 있었다. 한 번은 한 동료가 수업 중 화장실에 다녀오고 싶다며 쉬는 시간을 요청한 일이 있었다. 한국에서는 보통 수업 중이라면 조용히 혼자 다녀오는 것이 일반적인데 이런 요청을 아무렇지 않게 한다는 것 자체가 놀라웠다. 이 동료는 교수님을 향해 손을 들고 "화장실에 가고 싶은데 이 수업을 놓치고 싶지 않아요. 다 같이 쉬는 시간을 갖는 건 어떨까요?"라고 말했다. 교수는 잠시의 머뭇거림도 없이 웃으며 모두에게 화장실에 다녀오거나 커피를 가져오라며 잠시 쉬자고 했다. 나에게는 신선하면서도 다소 충격적인 순간이었다. 이러한 모습이 다문화, 다인종 사회를 기반으로 하는 영국의 특성을 반영한 것인지 모르겠지만 교수진은 학생들의 자유로운 의견과 개별적인 배경을 존중하는 태도를 보여주었다. 흔히 말하는 "서구 문화"를 느낄 수 있었던 순간이었다.

현장 학습

RCA의 각 프로그램은 필요에 따라 현장 학습(Field Trip)을 진행하는데 MRes 프로그램은 다른 프로그램에 비해 상대적으로 그 기회가 더 많았던 것 같다. 필수 참석은 아니며 항상 선택적으로 희망자에 한해 참여했다. 런던에서는 종종 전시 관람을 함께 했다. 연구 기반 전시 또는 특별한 의미를 지닌 건축물과 그곳에서 열리는 전시를 관람했다. 덕분에 규모는 작지만 훌륭한 갤러리와 전시 공간을 많이 알게 되었다.

런던 밖으로 떠난 현장 학습은 두 차례 있었다. 첫 번째는 2학기 중에 방문한 루이스(Lewes)였다. 루이스는 관광지로 유명한 브라이턴(Brighton) 근처의 작은 도시로, 이날 현장 학습의 주된 목적은 "찰스턴 하우스(Charleston House)" 방문이었다. 영국의 시골을 체험하는 뜻밖의 기회가 되었다.

정해진 시간에 루이스역 앞에서 모이기로 했는데, 나를 포함한 몇몇 동료들이 출구를 잘못 나가 잠시 길을 헤맸다. 먼저 모인 교수진과 동료들은 택시를 타고 출발해 버렸다. 우리는 다른 이동 방법을 찾아야 했다. 지도앱을 열고 경로를 조회했지만 당황스러웠다. 찰스턴 하우스에 정차하는 버스 노선은 이른 오전과 저녁 출퇴근 시간대에만 제한적으로 운행되어 대중교통으로 갈 수 없었다. 택시를 호출하려 했으나, 볼트(Bolt)는 사용 불가 지역으로 표시되었고 우버(Uber)에는 호출할 수 있는 차량이 없었다. 먼저 출발한 동료들을 통해 택시 회사에 전화로 예약해야만 택시를 이용할 수 있다는 사실을 알게 됐다. 먼저 출발했던 동료들이 타고 갔던 택시가 다시 역으로 돌아와 우리를 태우고 갔다. 루이스역이 있던 번화가에서 점점 찰스턴 하우스에 가까워질수록 통신 신호가 약해지면서 일부 통신사는 아예 먹통이 됐다. 택시 안 카드 결제 단말기도 통신이 원활하지 못해 현금으로 내야 했다.

겨우 도착한 찰스턴 하우스는 마치 다른 나라에 온 듯한 느낌을 주었다. 근처에 소를 키우는 목장이 있어서 영국에서 처음이자 마지막으로 가축 농장의 냄새를 맡아보는 경험도 했다. 이렇게 외진 곳에서 유명 작가의 전시가 열리고 사람들이 찾아간다는 사실이 무척 신기했다. 런던의 일상과는 전혀 다른 환경이 주는 낯섦과 새로움이 기억에 남는 현장 학습이었다.

CHAPTER 3 RCA에서의 하루하루

두 번째 현장 학습은 마게이트(Margate)였다. 구술시험이 끝난 약 2주 뒤, 일부 교수진의 주도로 진행됐다. 프로그램의 모든 과정이 끝난 뒤 졸업식만을 앞둔 시점에 진행된 마지막 일정이라 마치 졸업 여행을 떠나는 듯한 기분이었다. 잉글랜드 남동부에 있는 마게이트는 런던에서 기차로 약 2시간 걸리는 해안 도시로, 영국인들에게는 여름 휴양지로 잘 알려져 있다. 기차가 마게이트에 가까워질수록 수영복 차림의 현지인들을 많이 볼 수 있었고 해변의 여름 분위기가 한층 더 실감 났다. 이곳은 "터너 컨템포러리(Turner Contemporary)"를 비롯한 여러 갤러리가 있어 예술 여행지로도 매력적인 곳이었다.

많은 동료가 구술시험 이후 본국으로 돌아가거나 현업에 복귀하면서 전체 인원의 약 3분의 1만이 참여한 것은 아쉬웠다. 우리는 함께 갤러리들을 둘러보고 런던에서는 쉽게 경험하기 어려운 바닷가에서 여유로운 시간을 보냈다. 이날은 하필 그해 여름 중 가장 더운 날이었다. 덕분에 동료들과 뜨거운 작별 인사를 나눴다.

> **후배 유학생을 위한 선배 유학생의 TIP**

현장 학습은 선택 참여, 그러나 기회 되면 꼭 가보자
런던 시내는 물론이고 외곽 도시 방문 기회도 주어짐. 예상치 못한 다양한 상황을 든든한 가이드와 함께 경험할 수 있다.

작지만 인상 깊은 장소가 많다
학교 외부에서 얻는 영감이 작업의 방향성을 바꾸기도.

캠퍼스 투어

세 개의 캠퍼스

RCA의 캠퍼스 규모는 예상보다 작았다. 학부 없이 석사와 박사 과정으로만 운영되는 특성을 고려하면 이해가 가지만 오랜 역사와 "왕립"이라는 이름에 비해 다소 소박한 편이었다. 런던 켄싱턴(Kensington), 배터시(Battersea), 화이트 시티(White City) 세 곳에 캠퍼스가 있다.

그중 중심이 되는 곳은 켄싱턴 캠퍼스로, 하이드 공원(Hyde Park)의 퀸스 게이트(Queen's Gate)와 로열 앨버트 홀(Royal Albert Hall)과 가까우며 사우스 켄싱턴(South Kensington)역에서 도보로 접근할 수 있다. 이 캠퍼스는 다윈(Darwin) 빌딩, 스티븐스(Stevens) 빌딩, 프래일링(Frayling) 빌딩으로 구성되어 있다. 도서관과 아트 바가 자리잡고 있는 프래일링 빌딩은 다윈 빌딩과 연결되어 있어 별도로 구분하지 않고 다윈 빌딩과 같은 건물로 취급하는 것 같았다.

MRes 프로그램은 다윈 빌딩 9층(9th Floor)을 사무실과 스튜디오로 사용했다. 프로그램에서 주관하는 강의, 튜토리얼, 워크숍은 다윈빌딩과 스티븐스 빌딩 곳곳에서 진행됐다. 캠퍼스에서 길을 건너면 하이드 공원과 켄싱턴 정원(Kensington Gardens)이 있어 산책이나 짧은 휴식을 취하기에 좋았다. 또한 가까운 곳에 빅토리아 앤드 앨버트 박물관(Victoria & Albert Museum, V & A), 자연사 박물관(Natural History Museum), 과학 박물관(Science Museum), 서펜타인 갤러리(Serpentine Galleries), 디자인 박물관(Design Museum) 등 세계적인 박물관과 미술관이 밀집해 있어 영감을 얻기에 최적의 환경이었다. 등굣길에 로열 앨버트 홀을 배경으로 찍는 등교 인증 사진은 일상의 작은 즐거움이었다.

배터시 캠퍼스는 원즈워스(Wandsworth) 지역에 있는 RCA 캠퍼스 중 가장 큰 규모의 캠퍼스다. 2022년에 완공된 만큼 최신 시설과 첨단 장비를 갖추고 있어 현대적인 분위기가 돋보인다. 이곳에는 예술 & 인문 대학원과 디자인 대학원 소속 프로그램 중 넓은 작업 공간이 필요한 전공의 스튜디오가 있고 전시 공간과 대형 시설을 갖춘 워크숍이 주로 배치되어 있다. 2학기 선택 수업이 배터시 캠퍼스에서 진행되어 자연스럽게 방문할 기회가 많았다. 다른 전공 동료들의 전시를 관람하거나 워크숍에 참여하기 위해 방문하기도 했다.

배터시 캠퍼스로 가는 길에는 항상 배터시 다리(Battersea Bridge)를 건너야 했다. 이 다리 위에서 바라보는 템스강(Thames)의 풍경을 자주 사진으로 남겼다. 시간과 날씨에 따라 변하는 강의 색감과 빛의 흐름은 매번 새로운 모습을 만들었고 등하굣길에 그 순간을 기록하는 것이 작은 즐거움이었다. 켄싱턴 캠퍼스가 하이드 공원과 켄싱턴 정원 같은 공원을 곁에 두고 있어 도심 속의 자연을 느낄 수 있는 곳이라면, 배터시 캠퍼스는 템스강을 따라 이어지는 산책로와 탁 트인 강변 풍경이 주는 여유로움이 매력이었다.

화이트 시티(White City) 캠퍼스는 런던 북서쪽에 있다. 과거 BBC 방송국 시설이 있던 자리에 새로 지은 건물이다. 주로 커뮤니케이션 대학원(School of Communication)이 사용하는 공간으로 캠퍼스 규모는 셋 중 가장 작지만, 디지털 작업과 관련된 전공들이 모여 있어 관련 시설이 잘 갖춰져 있다. 주변에는 여전히 BBC의 흔적이 남아 있어 커뮤니케이션 분야와 자연스럽게 어울린다고 느꼈다. 화이트 시티 캠퍼스에서는 수업이 없어서 방문할 기회가 많지 않았지만, 유학 초기 임시 거처가 근방이라 익숙한 지역이었다. 상업 지구로 발전한 이곳에는 대형 쇼핑몰인 웨스트필드(Westfield)가 있어서 쇼핑과 문화생활을 즐기기에 편리했다. 박지성, 윤석영, 양민혁 선수 덕분에 한국 축구 팬에게 친숙한 퀸스 파크 레인저스(QPR) 홈구장이 위치한 지역이기도 하다.

최고의 시설, 워크숍

RCA는 다양한 예술 작업을 지원하는 전문적인 시설을 잘 갖추고 있다. MRes 프로그램에서는 1학기 초에 MRes 졸업생인 테크니션 안내로 "테크 투어"를 진행했다. 이 투어는 이틀에 걸쳐 켄싱턴 캠퍼스와 배터시 캠퍼스의 주요 시설을 둘러보며 RCA가 보유한 방대한 워크숍과 시설을 직접 확인하는 시간이었다.

MRes 프로그램은 RCA 내 다양한 전공 분야를 아우르는 특성이 있어 테크니션은 "MRes는 무엇이든 할 수 있다. 어떤 시설이 어디에 있는지 알아

두는 것이 중요하다."라고 강조하며 투어를 시작했다. 투어는 도서관을 시작으로 다양한 전문 시설과 워크숍을 소개하는 순서로 진행됐다. 사진, 동영상, 소리를 제작하고 편집할 수 있는 스튜디오와 장비를 비롯해 세라믹 & 유리, 판화, 레이저 절단, CNC, 목공, 금속 가공, 활자 인쇄, RCA 숍, 컴퓨터, 스캐너, 레이저 커팅, 평판 커팅(Zund), 금형 제작, 캐스팅, 합성 재료, 섬유 등 각 분야에 특화된 공간들이 소개됐다. 시설과 공간이 너무 많아서 다 방문하지 못할 정도였다.

각 워크숍에 소속된 테크니션들은 가능한 작업의 종류, 이용 방법, 신청 절차 등을 상세히 설명하며 시설 활용 방법을 안내했다. 모든 시설은 사용 전에 반드시 시설 사용법 교육(Induction)을 이수해야 한다. 일부 워크숍은 교육 후 별도의 시험까지 통과해야 이용할 수 있었다. 시설은 사전 예약제로 운영되었는데 1학기에는 예약이 수월한 편이었지만 2학기부터는 경쟁이 치열해졌다. 3학기에는 앞선 두 학기 동안 교육을 수료한 시설만 이용할 수 있었다. 시설 이용 자체는 무료였지만, 필요한 재료는 학생이 직접 준비해야 했다.

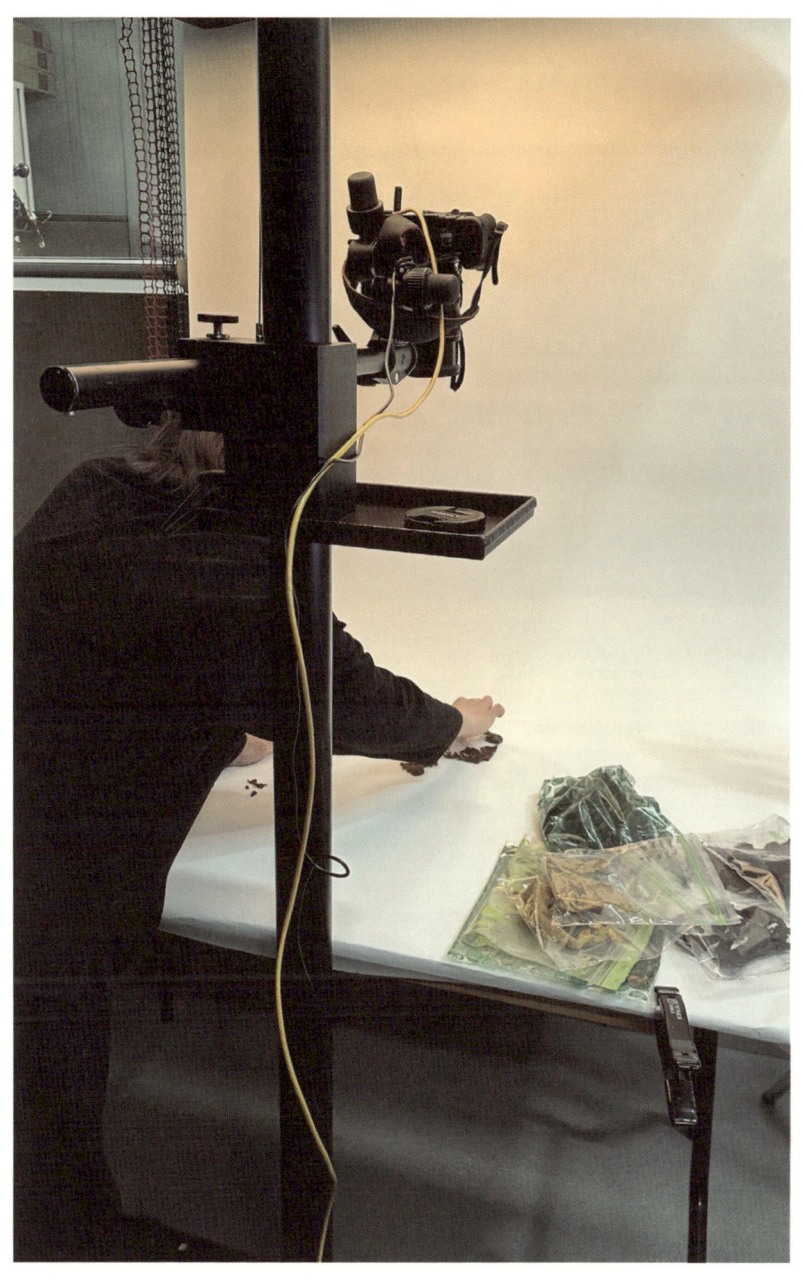

CHAPTER 3 RCA에서의 하루하루

나도 일부 시설을 이용할 기회가 있었다. 포토 스튜디오에서는 작품 사진을 촬영하며 테크니션의 도움을 받을 수 있었는데, 촬영 대상물에 따라 조명과 카메라 설정을 조정해 주고 더 나은 촬영 방법을 제안해 주었다. 카메라는 캐논 5D 시리즈를 사용할 수 있었다. 3D 스캐닝 연구실에서는 작품 스캔과 관련된 조언을 받았고, 바이오 소재 연구실(Natural Matters)에서는 실험 과정에서 겪은 어려움에 대해 전문적인 조언을 들었다. 교내 전시를 준비할 때는 여러 워크숍에서 전시에 사용할 테이블을 대여하기도 했다. RCA의 다양한 워크숍과 시설은 학생들에게 큰 기회와 도움을 제공했다. 더 많은 시설을 적극적으로 활용하지 못해 아쉬움이 남는다.

내 자리, 내 작업실 도서관

내가 가장 애용했던 공간은 켄싱턴 캠퍼스의 도서관이었다. RCA에는 켄싱턴 캠퍼스와 배터시 캠퍼스 두 곳에 도서관이 있다. 켄싱턴 캠퍼스 도서관은 세 개 층으로 구성되어 있으며 예술, 디자인, 건축, 패션 등 다양한 분야의 자료를 보유하고 있었다. 공간이 제한되어 모든 자료가 비치되어 있지는 않지만, 온라인 예약 시스템을 통해 대부분의 자료를 편리하게 이용할 수 있다.

나는 수업 외 대부분의 시간을 켄싱턴 도서관의 "Quiet Study Room"에서 보냈다. 이름처럼 조용했고 창문을 통해 자연광이 들어와 집중하기 좋은 환경이었다. 배터시 캠퍼스 도서관은 켄싱턴 캠퍼스보다 규모가 작았다. 주로 개인 공부나 디지털 작업을 위한 공간으로 운영되었으며 도서는 비치되어 있지 않고 예약한 책만 받을 수 있었다.

도서관 사서들은 학생들의 연구를 돕기 위해 다양한 강의를 제공했다. 연구 방법이나 문헌 검색 방법에 대한 강의는 물론, 논문 작성 시 필요한 인용과 출처 기재 방법에 대한 특강도 진행했다. 도서관은 단순히 자료를 대여하는 공간을 넘어 학생의 연구를 지원하는 중요한 역할을 했다.

세 개의 캠퍼스를 잇는, 셔틀버스

RCA 세 개의 캠퍼스를 연결하는 무료 셔틀버스가 있다. 다른 캠퍼스에서 수업을 듣거나 워크숍을 이용할 때, 그리고 전시를 준비하며 물건을 옮길 때 이 셔틀버스가 매우 유용했다. 한 시간에 한 대만 운행하고 소형 버스였기 때문에 수송 능력이 부족한 점은 아쉬웠다. 학생들의 이용이 많은 시간대에는 미리 줄을 서서 기다려야 했고 인원이 초과하여 탑승하지 못하는 경우도 종종 발생했다.

학생의, 학생에 의한, 학생을 위한 학생자치회

RCA에도 여느 학교와 같이 학생자치회(Students' Union)가 있다. 2학기 중 투표를 통해 회장단을 선출하는데 당선된 회장단은 다음 학년도에 활동을 했다. 학생자치회는 교내 펍인 아트 바(Art Bar)를 운영하며 전시를 비롯한 다양한 교내 행사를 주최하고 학생들에게 교내 아르바이트 기회를 제공하기도 했다. 또한 동아리(Society) 활동을 지원했다. 설립되어 있는 동아리에 가입하거나 필요하다면 직접 새 동아리를 만들 수도 있다. 동아리마다 운영 지원금이 나오기도 한다. 나는 "Design Crits"와 "SustainLab" 동아리에 소속되어 세미나와 전시회 등에 적극적으로 참여했다.

아트 바에서의 순간들

RCA 재학 기간 가장 많은 시간을 보낸 곳은 단연 도서관이지만, 두 번째로 자주 찾았던 곳은 아트 바(Art Bar)였다. 처음에는 학교 안에 술을 파는 바가 있다는 사실이 신기하고 한국 정서로는 다소 낯설게 느껴졌지만, 얼마 지나지 않아 하루를 마무리하는 익숙한 장소가 되었다. 개강 초에는 학생회 주관으로 친목 행사가 여러 차례 열렸고 그때마다 발 디딜 틈 없이 붐볐다.

아트 바는 RCA 재학생만 누릴 수 있는 특권이다. 외부 펍에 비해 저렴한 맥주 가격이 큰 장점으로, 기본적인 맥주 라인업을 갖추고 있다. 흑맥주 기네스(Guinness), 라거 프라바(Pravha), 밀맥주 블루문(Blue Moon), 페일 에일 아틀란틱(Atlantic Pale Ale)을 판매했다. 가격은 한 잔(1파인트 = 568ml)에 약 5파운드(8천 원) 정도였다. 기네스는 한국에서 마시는 것보다 훨씬 맛있었고 블루문은 오렌지 조각을 함께 넣어주는 것이 독특했다. 이 외에도 무알코올 맥주, 사이다(과실주), 포도주, 위스키, 보드카, 진, 테킬라 같은 다양한 주류와 간단한 칵테일도 판매했다. 음식은 따로 판매하지 않고 봉지 과자 몇 종류만 있다.

아트 바의 또 다른 매력은 바로 야외 테라스에서 바라보는 전망이었다. 이곳에서는 로열 앨버트 홀(Royal Albert Hall)의 측면을 바로 눈앞에서 감상할 수 있었다. 로열 앨버트 홀을 배경으로 맥주를 마시며 하루를 마무리할 때면, 그날의 피로가 자연스럽게 풀리며 유학 생활 중이라는 사실이 새삼 실감 나곤 했다.

121

CHAPTER 3 RCA에서의 하루하루

3학기에는 쿠폰 제도가 생겼다. 맥주를 한 잔 마실 때마다 도장을 찍어 줬는데 도장 7개를 채우면 하프 파인트 한 잔을 무료로 받을 수 있었다. 이 제도 덕분에 나는 하프 파인트 두 잔을 무료로 마셨다. 유로 2024 기간에는 경기 중계를 틀어줘 축구 팬들이 자연스럽게 모였고, 서로의 응원을 지켜보는 것도 또 다른 재미였다. 가라오케, 밴드 공연, 퀴즈 대회 같은 다양한 이벤트를 열기도 했고 젠가와 같은 보드게임도 비치되어 있어 학생들 사이에 활기를 더했다.

아트 바는 단순히 술을 마시는 공간을 넘어 특별한 장소였다. 맥주잔을 들고 동료들과 소소한 일상을 나누며 웃음이 끊이지 않았던 곳이었다. 유학 생활의 작은 즐거움을 발견할 수 있었던 공간으로 오래도록 기억에 남을 것이다.

후배 유학생을 위한 선배 유학생의 TIP

각기 다른 매력의 캠퍼스
① 켄싱턴 캠퍼스
  RCA의 중심. 도서관, 스튜디오, 강의실 밀집. 하이드 공원과 세계적인 박물관, 미술관 인접하여 최적의 영감 환경을 제공.

② 배터시 캠퍼스
  최신 캠퍼스. 넓은 공간 및 워크숍 많음. 배터시 다리에서 보는 템스강 풍경은 보너스.

③ 화이트 시티 캠퍼스
  디지털 작업 특화. 규모는 작지만 알찬 시설. 쇼핑센터, 축구경기장 등 도심 속에 위치하여 주변 인프라가 좋음.

워크숍과 시설
다양한 시설이 있으니 초기에 어디에 무엇이 있는지 파악하기. 시설별 사용법 교육(Induction) 수료 필수. 일부 시설은 이용 경쟁 심함.

도서관은 핵심 연구 공간
방대한 자료와 조용한 스터디 룸까지. 도서관에서 주관하는 강의도 유용. 연구방법, 문헌 검색, 인용법 등 논문 준비에 큰 도움.

캠퍼스 셔틀버스로 알뜰하게
세 캠퍼스 간 셔틀 운영, 붐비는 시간 대에는 경쟁 심하니 미리 줄 서있을 것.

학생자치회와 동아리도 적극 활용
학생자치회가 운영하는 펍과 행사, 전시 통해 교내 네트워크와 교류 기회. 필요하다면 직접 동아리도 설립 가능. 운영 지원금 있음.

SustainLab
전시회

예술 비전공자로 전시 경험이 없었다. 하지만 예술대학에 입학했으니, 단 한 번이라도 전시에 참여하고 싶었다. MRes 프로그램은 연구 중심의 교육과정이라 다른 전공과 달리 공식적인 졸업 전시회가 없었다. 프로그램 내부적으로 두 차례 교내 전시를 열었지만, 한 번은 방학 중이고 다른 한 번은 모든 학사 일정이 종료된 이후라 관람객이 별로 없을 것 같았다. 그저 전시를 위한 전시라는 생각이 들어 참여하지 않았다. 그러던 중 SustainLab 동아리에서 나의 연구와 연관된 주제로 전시회가 열렸고, 생애 처음으로 아티스트로서 전시에 참여했다.

RCA에서 여러 강의와 전시회를 통해 "지속 가능성(Sustainability)"에 대한 관심을 두게 됐다. 그러던 중, 교내 동아리인 SustainLab에서 자연 재료와 실천을 주제로 한 토크쇼가 열린다는 소식을 접했다. 나 역시 자연 재료를 기반으로 한 실험을 진행 중이었기에 흥미가 생겨 참가했다. 토크쇼에서 다룬 내용뿐만 아니라, 이들이 지속 가능성을 탐구하고 실천하는 방식에 깊이 공감했다. 이후 예술 분야의 관련 연구와 뉴스를 꾸준히 접하고자 SustainLab 동아리에 가입했다.

몇 달 뒤, SustainLab에서 지속 가능성을 실천하기 위한 재료와 프로세스 발전을 주제로 하는 전시회 참가자를 모집한다는 공지가 올라왔다. 나의 연구와 전시 주제가 잘 맞아서 참가를 신청했다. 참가 신청에는 포트폴리오와 작가 성명(Artist Statement)이 필요했다. 큐레이팅을 전공하는 동료의 도움을 받아 작가 성명을 작성했다. 포트폴리오에는 내가 연구 중인 자연 재료와 관련된 실험들이 지속 가능성에 어떻게 이바지하는지를 강조했다. 최종 참가자로 선정되어 전시에 참가하게 됐고, 전시를 준비하면서도 경험이 많은 동료들의 조언이 큰 도움이 됐다.

전시에는 실험을 통해 얻은 바이오 가죽 표본을 출품했다. 성공한 표본뿐만 아니라, 실패한 결과물도 함께 전시했다. 각 실험에 적용한 레시피와

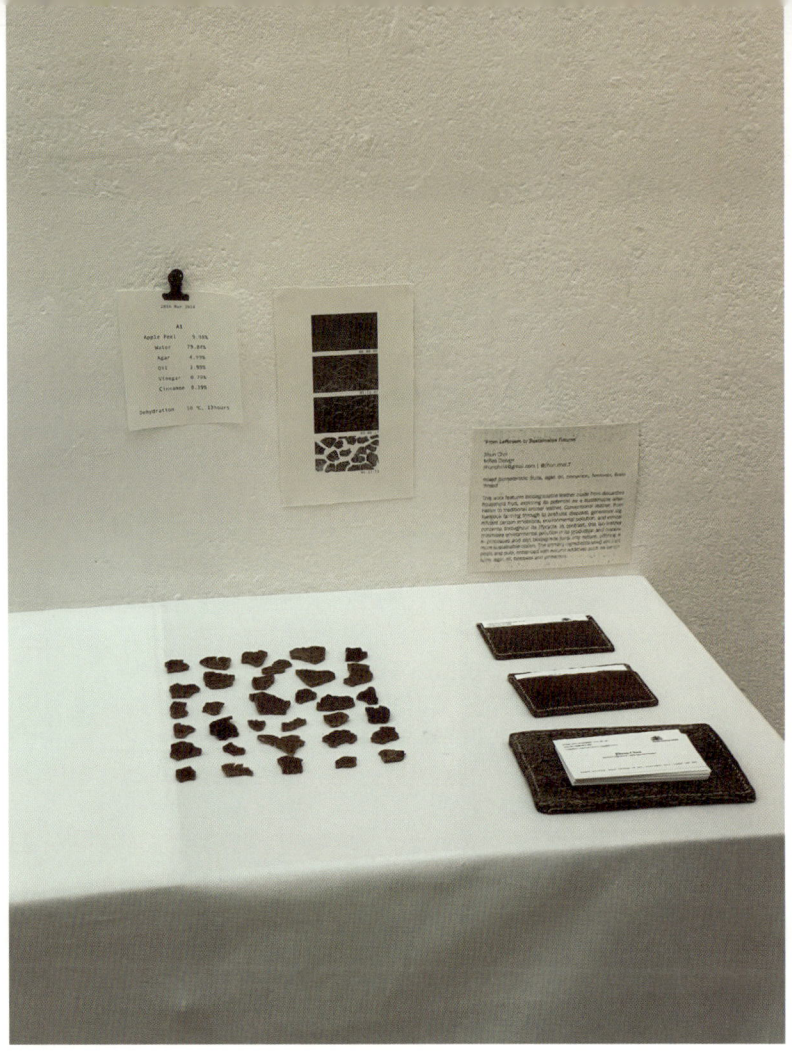

활용 사례를 곁들여 작업의 맥락을 명확히 전달하고자 했다. 바이오 소재라는 특성을 살리면서도 가죽 공예의 관점으로 제작한 제품 활용 사례를 선보였다. 진열 방식 또한 환경 오염을 최소화하는 방향으로 고민했다. 재활용할 수 있는 천을 테이블 위에 깔고 모든 인쇄물은 재활용 종이를 사용했다.

이 전시는 내가 진행해 온 연구를 동료, 교수진, 그리고 외부 관람객들에게 소개할 소중한 기회였다. 전시 기간 예상보다 많은 관심을 받아 보람을 느꼈다. 전시 참여는 나에게 새로운 동기를 부여했고 연구 과정에서 얻은 성과를 세상과 나누는 특별한 경험으로 남았다.

RCA 한인회와 네트워킹

RCA에는 공식적으로 등록된 "한인회(Korean Society)"가 있다. 런던 소재 예술 대학들 가운데 현지에 한국인 동문 모임이 있는 곳은 RCA뿐이라는 이야기를 다른 학교의 한국인 학생들을 통해 들었다. RCA 한인회는 단순한 친목 교류의 장을 넘어 유학 생활에 실질적인 도움을 주는 중요한 네트워크로 자리 잡았다. 현지 생활 적응과 심리적 안정에 이바지할 뿐 아니라 학업 관련 정보 공유와 협력의 기회도 제공하고 있다.

내가 재학하는 동안은 카카오톡 채팅방과 인스타그램을 중심으로 운영되었으며, 졸업 시점에 200명 이상의 졸업생과 재학생이 참여하고 있었다. 한국인이라고 해서 의무적으로 가입해야 하는 것은 아니다. 희망자에 한해 자유롭게 다른 동문의 초대로 참여했다. 이 채팅방은 주로 영국과 한국에 있는 동문의 전시 소식을 공유하거나 학교생활과 런던 생활에 관한 궁금한 점을 서로 묻고 답하며 필요한 도움을 주고받는 교내 한국인 커뮤니티로 기능했다.

개강 첫 주에 2023년 졸업을 앞둔 한인회장이 주최한 한인회 모임이 열렸다. 50명 이상이 참석하면서 RCA에 예상보다 많은 한국인 동료들이 있다는 사실을 알게 되었다. 이 모임은 2023년 신입생과 졸업생 간의 만남의 장이 되었다. 이곳에서 인연을 맺은 동문과는 지금까지도 꾸준히 교류하고 있다.

같은 해 입학한 동료 중 한 명이 이 모임을 보다 정기적인 형태로 발전시키자며 지식과 경험을 나누는 자리로 만들자고 제안했다. 먼저 친분이 있던 동료들과 소규모로 시험 삼아 세미나를 진행한 뒤, "Beyond RCA"라는 이름으로 정식화되어 1, 2학기 동안 총 13회의 모임을 진행했다. 3학기는 모두가 바쁜 시기라 진행하지 않았다. 26명 이상의 동문이 각자 관심 있는 분야를 주제로 발표하고 질문과 답변을 주고받으며 생산적이고 의미 있는 시간을 만들어갔다. 섬유, 산업, 세라믹, 광고, AI, 전시 생태계, 디자인, 건축, 지속 가능성, 샴페인 등 평소 접하기 어려운 분야에 대해 알게 되었다. 또한 동문들과도 적극적으로 교류할 수 있어 의미 있는 시간이었다.

나도 꾸준히 참석하며 한 차례 발표자로 나섰다. 네덜란드 에인트호번에서 열린 "더치 디자인 위크(Dutch Design Week, DDW) 23"에 다녀온 후기와 나의 오랜 취미인 "가죽 공예"를 주제로 발표했다. 다양한 분야의 사람들이 모인 만큼 설명과 답변을 쉽고 명확하게 전달해야 했고, 이는 좋은 발표 연습의 기회가 되었다.

3학기 종료 시점과 2024년 신입생 입학 시점에도 한인회 모임이 열려 동문 간 교류의 시간이 마련되었다. RCA 한인회는 런던 현지뿐만 아니라 국내에서도 꾸준히 활동을 이어가고 있으며 주기적인 행사가 계획되어 있는 것으로 알고 있다. 앞으로도 동문과의 교류가 기대된다.

> **후배 유학생을 위한 선배 유학생의 TIP**
>
> RCA에는 "공식" 한인회가 있다
> 전시 정보, 학교 생활 공유하는 실용적 네트워크. 졸업 후에도 동문 간 교류 지속 중.

이웃 학교, 임페리얼 칼리지 런던

임페리얼 칼리지 런던(Imperial College London, 이하 임페리얼)은 켄싱턴 지역에 위치한 영국의 대표적인 종합 대학이다. RCA와 함께 IDE(Innovation Design Engineering), GID(Global Innovation Design), MRes Health Care Design과 같은 일부 프로그램을 공동 운영하며 두 학교는 공식적인 파트너십을 맺고 있다.

임페리얼은 종합 대학답게 시설 규모가 RCA에 비해 압도적으로 컸다. 그중 나에게 특히 매력적인 공간은 식당이었다. RCA에도 구내식당(Canteen)이 있지만 규모가 작고 메뉴 선택이 제한적이었다. 반면, 임페리얼에는 다양한 종류의 식당과 편의점, 카페가 입점해 있어 훨씬 더 많은 선택지를 제공했다.

CHAPTER 3 RCA에서의 하루하루

임페리얼의 식당을 자주 찾았던 가장 큰 이유는 "밥"을 판매한다는 점이었다. 주로 한식을 취급하는 코코로(KOKORO)에서 덮밥을 사 먹었는데 불고기덮밥이나 칠리 치킨 덮밥을 선택했다. 이 외에도 오븐구이 치킨, 돈가스, 카레, 햄버거, 라멘 등 다양한 국적과 문화를 고려한 메뉴들이 준비되어 있어서 선택의 폭이 넓었다. 또 다른 장점은 할인 혜택이었다. 임페리얼 식당은 일반 요금과 학생 요금을 구분했는데 RCA 학생증을 보여줘도 학생 할인을 적용해 줬다. 자주 먹던 덮밥 기준으로 일반 가격은 7.7파운드(약 1만 3천 원), 학생 가격은 6.47파운드(약 1만 1천 원)로 1~2파운드 저렴했다. 매일 점심을 사 먹던 내게는 큰 절약이었다.

편의점과 카페도 할인이 되어 식당과 마찬가지로 합리적인 가격이었다. 특히 스타벅스에서는 개인용 텀블러에 아메리카노를 주문하면 1.9파운드(약 3천3백 원)밖에 받지 않아 부담 없이 즐길 수 있었다. 때때로 RCA 켄싱턴 캠퍼스가 보수나 점검 등으로 문을 닫거나 기분 전환이 필요할 때 임페리얼 식당의 테이블에서 작업을 하기도 했다. 임페리얼의 도서관도 사전에 신청하면 이용할 수 있었지만, 식당가의 테이블도 훌륭한 작업 공간이었다.

임페리얼에도 RCA의 아트 바처럼 학생자치회가 운영하는 펍이 있다. 시간적인 여유가 있으면 종종 이용하곤 했는데, 아트 바보다 더 다양한 종류의 맥주를 판매했다. 때때로 할인 이벤트가 열려 한국에서 마시는 것과 비슷한 가격에 즐길 기회도 있었다. 햄버거, 피자, 감자튀김 같은 음식도 판매해 간단한 식사를 겸해 방문하기도 했다.

유로 2024 기간에는 경기 중계를 틀어줬다. 학부생 비율이 높아 RCA와 비교하면 더 젊고 활기찬 분위기 속에서 경기를 관람할 수 있었다. 특히 잉글랜드가 결승까지 진출하면서 열기는 최고조에 달했다. 응원을 위해 모인 학생들의 함성과 열기는 마치 2002년 한국 거리 응원의 열기를 떠올리게 할 정도로 강렬했다.

후배 유학생을 위한 선배 유학생의 TIP

소중하고 든든한 이웃
RCA 학생증으로도 식당과 카페 할인 가능. 공간과 시설을 적극 활용하자.

CHAPTER 4

런던에 살어리랏다

현실적인
집 구하기 과정

런던에 살 집을 구하는 과정은 매우 힘들었다. 출국을 두 달 앞둔 6월 중순부터 알아보기 시작했는데 9월 말이 되어서야 정착했다.

유학생들이 선택하는 주거 형태는 크게 기숙사, 플랫 셰어(Flat Share), 그리고 개인 임대(Private Rental)로 나뉜다. RCA는 기숙사가 없다. 기숙사를 운영하는 학교도 있지만, 대부분 공급과 조건이 제한적이었다. 대안으로 사설 기숙사(Student Accommodation)가 있다.

사설 기숙사는 공과금이 포함되어 있어 예산을 짜기 쉽고 안전하다는 게 장점이다. 사설 기숙사에 거주했던 동료들에 따르면 행정 처리가 깔끔하고 임대 요금 외에 추가로 신경 쓸 것이 없어 편리했다고 한다. 다만, 비용에 비해 개인 공간이 좁다. 수요에 비해 공급이 적어 대부분 신청이 개강하기 수개월 전에 마감됐다. 비용은 월 1,200~1,600파운드 수준이었으며 위치와 옵션에 따라 차이가 있었다. 나의 경우는 유학 동안 아내가 종종 방문할 계획이었는데 내가 알아봤던 사설 기숙사는 외부인의 출입을 허용하지 않는 규정이 있어 고려 대상에서 제외했다. 나중에 알고 보니 기숙사마다 규정이 달라 외부인 방문이 가능한 곳도 있었다.

플랫 셰어는 주변 동료들이 가장 많이 선택한 주거 형태였다. 방이 여러 개 있는 집을 임대해서 일부를 재임대(Sublet)하거나 함께 살 사람을 찾아 같이 집을 구하는 방식이었다. 플랫 셰어의 가장 큰 장점은 비용 절감이다. 보통 2~3명, 혹은 그 이상이 큰 집을 나눠 쓰기 때문에 공간 활용과 비용 면에서 유리하다. 하지만 단점도 분명하다. 플랫 메이트에 따라 생활의 질이 크게 좌우된다. 성향이 맞지 않는 사람과 함께 살면 일상이 피곤해진다. 특히 외국인과 동거하면 문화적 차이에서 오는 불편함이 상당하다. 호주에서 워킹홀리데이 비자로 체류했을 때 세 번의 플랫 셰어를 경험했는데 모두 좋은 기억은 아니다. 아내의 방문과 개인적인 생활을 고려해 플랫 셰어 역시 선택지에서 제외했다.

기숙사와 플랫 셰어를 제외하니 나에게 남은 선택지는 개인 임대뿐이었다. 출국 전까지 온라인으로 매물을 찾고 계약까지 마무리하는 것이 최초 계획이었다. 하지만 현실은 예상과 많이 달랐다. 영국에서는 집을 구경하는 것을 "뷰잉(Viewing)"이라고 부른다. 한국에서 영국의 집을 둘러보는 방법은 화상 통화를 통한 "온라인 뷰잉(Online Viewing)"과 미리 녹화된 동영상을 보는 "버추얼 뷰잉(Virtual Viewing)"뿐이었다. 그러나 뷰잉 일정을 잡는 것조차 쉽지 않았다. "라이트무브(Rightmove)", "주플라(Zoopla)" 같은 부동산 매물 사이트에서 조건에 맞는 집을 찾은 뒤 연결된 부동산에 연락했다. 하지만 허위 매물이거나 연락이 닿지 않는 경우가 많았다. 어렵게 뷰잉 일정이 잡혀도 시차 때문에 한국 시각 기준 자정 이후나 새벽에 가능했다. 원격 뷰잉 자체를 제공하지 않는 부동산이 대부분이었다. 체력적으로도 힘들었고 계획대로 진행되지 않아 답답했다.

상당수의 유학생은 현지에 도착한 후 집을 구한다. 하지만 나는 가능하면 빨리 준비하고 싶었다. 그러던 중 RCA 2023년 입학 예정자들이 모인 오픈채팅방에서 정착 서비스 업체를 추천받았다. 이 업체는 런던에 거주 중인 한국인이 운영하는 곳인데 주택 임대뿐만 아니라 다양한 초기 정착 업무를 대행하는 서비스를 제공했다. 나의 시간과 계약 과정에서의 위험을 줄이기 위해 대행 서비스를 이용하기로 했다. 내가 선택한 옵션은 주택 임차 계약 대행, 빌 등록, 그리고 라이브 뷰잉(Live Viewing) 2회가 포함된 패키지였다. 비용은 부가가치세를 포함해 1,194파운드(약 2백만 원)이었다. 업체가 내가 원하는 조건에 맞는 매물을 찾아서 공유해주고 마음에 드는 매물이 있으면 업체가 부동산과 연락해 허위 매물 여부와 뷰잉 가능 여부를 확인했다. 업체를 통해 진행하니 부동산과의 연락이 원활했고 온라인 뷰잉도 여러 차례 진행됐다. 하지만 계약은 번번이 실패했다. 업체 담당자는 내가 유독 운이 따르지 않는 것 같다고 했다. 이 업체를 이용한 다른 동료들은 모두 출국 전에 계약을 마쳤지만, 나만 여전히 집을 구하지 못한 채 같은 과정을 반복하고 있었다.

침실이 하나인 집이 두 개 이상인 집보다 매물 자체가 적었다. 나와 계약을 경쟁하는 사람들은 대부분 직장인이었는데 집주인들은 학생보다 임대료와 공과금을 안정적으로 낼 가능성이 높은 직장인을 더 선호했다. 번번이 "학생"이라는 이유로 거절당했다. 학생 신분으로는 1년 치 임대료를 한꺼번에 선지급한다고 해야만 겨우 계약이 성사됐다.

개강하기 18일 전, 런던에 도착했다. 아직도 집을 구하지 못한 상태였다. 3일 단위로 숙소를 옮겨다니며 뷰잉 약속이 잡히는 대로 집을 보러 다녔다. 대부분 뷰잉 직후 계약 의사를 전달했지만, 여전히 계약은 성사되지 않았다. 한 번은 집주인이 직접 집을 보여주며 분위기 좋게 대화도 나눴다. 곧바로 예약금(Holding Deposit)을 요구해서 송금했는데 다음 날 일방적으로 계약이 취소됐다. 다른 계약 희망자가 더 높은 임대료를 제시했다는 게 이유였다. 한국에서는 계약금을 낸 뒤에 집주인이 계약을 파기하면 두 배로 배상해야 하지만, 영국에서는 원금만 돌려주면 끝이었다. 드디어 집을 구했다는 안도감도 잠시, 하루 만에 다시 원점으로 되돌아갔다. 허무했다.

결국 개강 이틀 전까지 집을 구하지 못한 상황에 이르렀다. 답답한 상황이 이어지자, 정착 서비스 업체에서 단기 임대 매물을 제안했다. 집주인이 매각을 계획 중이라 2~3개월 동안만 세입자를 받는 곳이었다. 우선 두 달 간 머물면서 다른 집을 찾아볼 생각이었다. 이 집은 기차역과 가까웠고 내부 상태도 나쁘지 않았다. 임대료는 1,600파운드(약 2백6십5만 원)로 높은 편이었는데 나를 포함해 여섯 명이 계약을 경쟁하고 있었다. 뷰잉을 마친 뒤 바로 계약 의사를 전달했다. 다음 날, 집주인으로부터 연락이 왔다. "다른 희망자가 '월 임대료를 50파운드 더 내겠다.'라고 했는데 네가 같은 금액을 내고 당일 입주하면 너와 계약하겠다."라는 내용이었다. 솔직히 화가 났다. 경매하듯이 임대료를 올려받으려는 태도가 어이없었다. 하지만 개강이 불과 이틀 뒤였고 아직 짐도 풀지 못한 상태였다. 선택의 여지가 없었다. 결국 울며 겨자 먹기로 그 조건을 받아들였다. 비록 두 달짜리 계약이지만 당장 머물 곳은 구했다.

개강한 뒤에도 틈나는 대로 매물을 검색했다. 그러던 중 단기 임대한 집 근처에서 마음에 드는 집을 찾았다. 뷰잉까지의 과정은 순조로웠고 무엇보다 집 상태가 좋아서 꼭 계약하고 싶었다. 뷰잉하던 날, 내 앞뒤로 다른 경쟁자들이 있다는 걸 확인했기에 임대료를 51파운드 높여서 계약 의사를 전달했다. 이렇게 해도 단기 임대 중인 집보다 100파운드나 저렴했기에 충분히 해볼 만한 제안이었다. 며칠 뒤에 부동산에서 연락이 왔다. "집주인은 미국에 거주 중인데 계약 희망자들과 각각 화상 통화로 인사를 하고 싶어 한다."라는 내용이었다. 일종의 면접이었다. 화상 통화를 하면서 한국에서의 경력, 생활 습관, 거주 계획 등을 상세히 설명했다. 통화를 마치고 집을 구하기 위해 이렇게까지 해야 하나 싶어 씁쓸한 기분이 들었다. 어떤 점이 결정적이었는지는 알 수 없지만, 며칠 뒤 부동산으로부터 "집주인이 당신과 계약하길 원한다."라는 연락을 받았다. 당시 학교에서 강의를 듣던 중이었는데 나도 모르게 소리 내어 기뻐할 만큼 반가운 소식이었다. 6월 중순부터 시작한 집 구하기는 열다섯 번의 집 구경과 열 번째 계약 시도 끝에 9월 말이 되어서야 마침표를 찍었다.

다행히 최종 계약한 집은 매우 만족스러웠다. 여러 번의 집 구경과 단기 임대 경험을 거치며 집을 보는 눈이 한층 높아진 덕분이었다.

후배 유학생을 위한 선배 유학생의 TIP

집 구하기는 유학 준비만큼이나 힘들다
사설 기숙사, 플랫 셰어, 개인 임대 중 취향에 따라 선택. 상황에 따라 정착 서비스 이용도 고려할 것.

사설 기숙사: 깔끔하지만 경쟁 치열
공과금 포함, 행정 간편. 비용 대비 좁은 공간. 개강 수개월 전 조기 마감이 일반적, 빠른 신청 필수.

플랫 셰어: 일반적인 선택지
비용 절감 효과 큼. 플랫 메이트 성향에 따라 생활의 질 좌우. 외국인과 동거할 경우 문화적 차이로 인한 갈등 발생 가능성 있음.

개인 임대: 독립적이지만 매물이 적다
스튜디오 플랫과 1 베드룸은 매물이 희소함. 직장인과 입주 경쟁할 경우 학생 신분은 계약에 불리.

살기 좋은
동네와 집 찾는 팁

앞선 경험을 통해 살기 좋은 동네를 찾는 기준이 더욱 명확해졌다.

첫 번째로 중요한 요소는 단연 교통이다. 지하철역(Underground)과의 거리가 중요하지만, 영국의 지하철은 한국과 달리 정시성이 떨어지고 고장이 잦다. 파업이 평균적으로 한 달에 한 번 이상 있었다. 매일 등굣길에 나서기 전, 지도 애플리케이션으로 최적 경로를 확인하는 게 습관이 됐다. 교통 상황에 따라 이동 방법이 달라지는 일이 흔했기 때문이다. 버스는 지하철보다 느리지만, 도로 통제가 없는 한 운행이 중단되는 경우가 거의 없었고 요금도 더 저렴했다. 지하철역과 버스 정류장이 모두 가까운 곳이 가장 이상적인 입지다.

두 번째는 치안이다. 이를 확인하는 나의 방법은 근처에 학교가 있는지 살펴보는 것이었다. 특히 초등학교가 있다는 것은 가족 단위 거주자가 많다는 방증이며 이는 곧 동네가 상대적으로 안전하다는 의미다. 뷰잉 일정이 잡히면 오전 8~9시쯤 해당 지역을 방문해 학생과 직장인이 얼마나 오가는지 관찰하곤 했다. 이를 통해 실질적인 거주자의 인종과 연령대를 대략 파악할 수 있었다.

세 번째는 주요 식료품점과의 거리다. 매일 외식할 수 없다. 직접 요리를 하려면 재료를 쉽게 구할 수 있어야 한다. 영국도 배달 서비스가 잘 되어 있지만, 직접 구매하는 게 질이나 가격면에서 더 나았다. 내가 최종 거주했던 집은 걸어서 20분 이내 거리에 마크스 앤 스펜서(Marks & Spencer), 웨이트로즈(Waitrose), 테스코(TESCO), 세인즈버리(Sainsbury's)가 모두 있었다. 그뿐만 아니라 정육점, 생선 가게, 과일 가게, 채소 가게 등이 다양하게 있어 식료품을 구매하기에 매우 편리한 환경이었다.

좋은 집을 판단하는 기준도 몇 가지 뚜렷해졌다.

첫 번째는 창문이다. 이중창(Double Glazed) 여부를 확인하는 것이 중요했다. 단기 임대했던 집은 창문과 창틀이 잘 맞지 않아 완전히 닫히지 않았다. 한여름 밤에도 찬 공기가 유입되어 추웠고 소음에 취약했다. 반면, 최종 거주했던 집은 이중창이라 단열이 잘되고 조용했다. 이중창 여부를 확인하는 방법은 간단했다. 창틀이 나무가 아니고 유리 사이에 금속 프레임이 보이면 이중창이다.

두 번째는 화장실 세면대다. 전통적인 영국식 수도꼭지는 온수와 냉수가 따로 나오는 방식이라 사용하기 불편하다. 이는 집이 최근에 보수되지 않았다는 의미이기도 하다. 손잡이가 하나로 통합된 수도꼭지는 작지만 중요한 요소였다. 수압 확인은 말할 것도 없이 필수다.

세 번째는 방바닥이다. 바닥 소재는 삶의 질은 물론, 유지 비용에도 영향을 준다. 서구 문화권은 실내에 카펫을 깔고 신발을 신는 방식이 일반적일 거로 생각했지만, 뷰잉을 다녀보니 최근 보수된 집들은 대부분 마룻바닥으로 교체돼 있었다. 나는 비염이 있어 마룻바닥 여부를 꼭 확인했다. 동료 일부가 살던 카펫이 깔린 집은 겨울철에 습기를 머금어 춥고 빨래가 잘 마르지 않았다. 벽에 곰팡이가 잘 생기고 감기에 걸리기 쉬운 환경이었다. 제습기를 구입한 동료도 꽤 있었다. 카펫이 깔린 바닥도 잘 관리하면 괜찮지만, 마룻바닥이 깔린 집이 선택지에 있다면 주저할 이유가 없다.

그 외에도 임대료에 공과금이 일부라도 포함돼 있다면 좋은 조건이다. 내가 계약한 집은 난방비와 온수비가 임대료에 포함됐다. 영국은 한국처럼 바닥 난방이 아니라 라디에이터를 사용하는 방식인데, 비용이 많이 드는 데 비해 효율은 떨어지는 경우가 많다. 난방비 걱정이 없어진 덕분에 겨울 내내 따뜻하게 지낼 수 있었다.

집을 늦게 구한 것이 장점이 되기도 했다. 물론 의도한 것은 아니었다. 학교 과정은 공식적으로 8월 중순에 끝났고 졸업식은 9월 중순이었다. 이 사이 약 한 달의 공백이 생겼다. 전년도 8월에 1년 계약으로 집을 구한 동료들은 이 공백을 해결하기 위해 한국에 다녀오거나 새로운 임시 거처를 마련했다. 졸업 후에 런던에 남는 동료들은 기존 집의 계약을 연장하거나 새집을 구해야 했고, 나처럼 한국으로 돌아가는 동료들은 임시 거처를 마련했다. 임시든 정식이든 또다시 집을 알아보고 이사해야 하는 번거로움을 겪어야 했다. 반면에 나는 계약 기간이 9월 말까지여서 졸업식 이후에도 여유롭게 런던 생활을 정리할 수 있었다. 이런 상황을 이미 알고 있던 일부 동료는 애초에 계약 기간을 14개월로 설정하기도 했다. 집을 계약할 때 계약 연장 가능 여부와 재계약 조건을 미리 확인해 두는 것도 중요하다.

후배 유학생을 위한 선배 유학생의 TIP

살기 좋은 동네의 기준

① 교통
　지하철은 자주 고장 나고 파업이 잦음. 지하철역과 버스정류장이 모두 가까운 곳이 이상적.

② 치안
　근처에 초등학교가 있으면 안전한 동네일 확률 높음. 오전 8~9시에 직접 동네를 방문해 실제 거주자 분위기를 관찰하면 도움됨.

③ 상점 접근성
　도보로 이동 가능한 거리에 상점 여부가 중요. 대형 마트와 더불어 정육점, 생선 가게, 채소 가게 등 소형 상점도 함께 있으면 더 좋음.

좋은 집을 판단하는 기준
① 이중창 여부
　단열과 방음에 큰 영향. 나무 창틀이면 노후된 집일 가능성 큼. 유리 사이 금속 프레임이 보이면 이중창.

② 세면대와 수압
　전통식 따로따로 수도꼭지는 불편. 세면대가 현대식인지, 수압이 괜찮은지 꼭 확인.

③ 방바닥
　카펫은 청소 어려움, 곰팡이·습기 문제 있음. 마룻바닥이 더 위생적이고 겨울에도 관리가 쉬움.
　비염 있는 사람은 반드시 체크.

계약 시점과 기간도 전략적으로
졸업 일정까지 고려해서 설정할 것. 계약 연장 가능 여부와 조건은 계약 시 꼭 확인할 것.

우리 동네
치지크

치지크(Chiswick)는 내가 유학 생활 대부분을 보낸 지역으로 런던 서부의 조용하고 여유로운 분위기가 돋보이는 동네다. 현지인의 발음은 "치즈익"에 가깝다. 13개월 동안 이곳에서 지냈다. 전철은 디스트릭트(District) 라인과 피커딜리(Piccadilly) 라인이 지나가며 존 2(Zone 2)와 존 3(Zone 3) 경계에 있다. RCA 켄싱턴 캠퍼스를 기준으로 집을 구할 때 서쪽의 마지노선으로 삼았던 지역이다. 2개월짜리 단기 임대를 시작하면서 이곳과 연을 맺게 되었다.

치지크은 런던 중심부와는 또 다른 매력을 지녔다. 베드퍼드 공원(Bedford Park)이라는 이름으로도 알려진 이 지역은 19세기 후반에 중산층과 상류층을 대상으로 설계된 주거지역인데 당시에는 예술가와 전문직 종사자들의 거주지였다고 한다. 현재는 잘 보존된 빅토리아 시대 건축물과 조용한 환경, 우수한 교육 기반 시설 덕분에 가족 단위 거주자들에게 인기가 많다.

치지크 하이 로드(Chiswick High Road)는 동네의 중심 거리로 일요일마다 다양한 주제의 시장이 열려 지역 주민들의 "소통의 장" 역할을 한다. 이 거리에 각종 상점을 비롯해 서점, 카페, 레스토랑, 그리고 전통적인 펍까지 있어 활기 넘치는 상권을 갖추고 있다.

공원과 녹지가 풍부한 것도 이 지역의 큰 장점이다. 가까운 거너즈베리 공원(Gunnersbury Park)은 넓은 녹지와 체육 시설로 유명하며 음악 축제도 자주 열린다. 한국보다 유럽에서 더 유명한 한국인 DJ 페기 구(Peggy Gou) 공연이 이곳에서 열리기도 했다. 턴햄 그린 공원(Turnham Green Park)을 비롯한 여러 작은 공원에서 여유로운 주민들의 모습을 볼 때마다 이 지역만의 평화로운 분위기를 느낄 수 있었다.

치지크에서 처음 살았던 집은 듀스버리 코트(Dewsbury Court)라는 아파트였다. 치지크 파크(Chiswick Park) 역에서 도보 3분 거리라는 좋은 교통 조건 덕분에 등하교와 외출이 편리했다. 이 건물은 1900년대 초반에 지어져 빅토리아 시대 후반의 건축 양식을 간직한 아파트로 외벽에 새겨진 "1906"이라는 숫자가 오랜 역사를 말해준다. 건물 외관은 고풍스러운 멋이 있지만 오래된 만큼 현대적인 편의시설은 부족했다. 엘리베이터가 없는 5층 건물로 좁고 가파른 계단은 짐을 옮길 때 너무 힘들었다. 집 내부에는 침실이 한 칸 있고 전반적으로 깔끔했지만, 낡은 나무 창틀과 얇은 유리 창문은 소음과 단열에 취약했다. 건물 주변에 높은 건물이 없어서 창문 밖으로 펼쳐지는 멋진 경관이 5층의 유일한 장점이었다.

이 집은 러시아 출신 부부가 소유 중이었는데 집 구경갔던 날 자랑스럽게 "모든 걸 DIY로 보수했다."라고 말했다. 덕분에 곳곳에 비전문적인 손길의 흔적이 남아 있었다. 벽에는 페인트 자국과 얼룩이 군데군데 있었고 가구와 가전제품들도 상태가 좋지 않았다. 냉장고에서는 불쾌한 냄새가 났고 식기 도구는 찌든 얼룩이 있어 한 번도 사용하지 않았다. 불필요한 대형 가구와 쓸모없는 도구들이 집 안을 가득 채우고 있어 내 짐은 최소한만 꺼내어 사용해야 했다.

이 집에서 가장 독특했던 점은 가스 시스템이었다. 주방 벽면에 설치된 보일러는 싱크대 아래 단말기와 연결되어 있었다. 8월 말, 갑자기 기온이

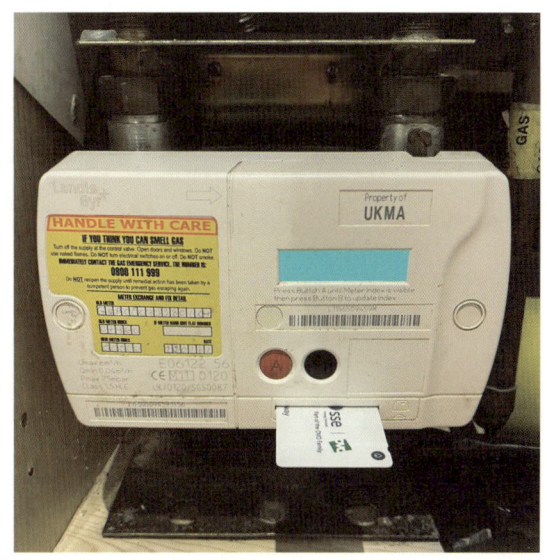

10도까지 떨어져 추운 밤이었다. 외출을 다녀온 뒤에 샤워하려고 물을 틀었는데 차가운 물만 나왔다. 보일러의 전원 버튼이 깜빡거리고 있었고 싱크대 아래 단말기 액정에는 알 수 없는 숫자 코드가 표시되고 있었다. 집주인에게 연락하기에 너무 늦은 밤이라 ChatGPT를 통해 보일러 모델과 코드를 찾아보니, 잔액 부족으로 인해 동작이 중단된 상태라는 걸 알 수 있었다. 충전식 선불카드를 꽂아서 가스를 이용하는 방식이었다. 이 카드는 "페이 포인트(Pay Point)"가 표시된 편의점에서 충전할 수 있었다. 바로 가까운 편의점으로 갔지만 현금으로만 충전이 가능하다는 사실도 그때 처음 알게 되었다. 현금을 가지러 다시 집으로 돌아가 20파운드를 챙겨서 충전해왔는데 단말기에 꽂자마자 해당 금액이 0으로 바뀌었다. 부채(Debt)가 있다고 나오는 거 보니 잔액이 0이 된 이후에도 일정량은 사용할 수 있었나 보다. 마지막 남아 있던 현금 10파운드를 챙겨 다시 충전했다. 기존 부채가 총 얼마인지 알 수가 없어서 긴장되는 순간이었다. 역시나 일부 차감됐지만 잔액이 7파운드로 찍힌 뒤에 보일러가 가동되기 시작했다. 편의점을 세 번이나 오간 끝에 겨우 해결했다.

집주인은 집을 매매 중이라 종종 구매 희망자들과 함께 방문하곤 했다. 보통은 미리 일정을 알려줬는데 예고 없이 온 적도 있었다. 하필 늦잠을 자서 설거지도 안 하고 어지럽혀진 상태였던 날, 내가 학교에 간 사이 집주인이 예고 없이 다녀갔다. 그러고는 나에게 문자메시지로 집 정리 상태에 강한 불쾌감을 표했다. 알고 보니 집주인은 다른 사람에게 방문 일정을 전달했었다. 이에 대해 사과를 받긴 했지만 이미 내 기분이 상한 뒤였다. 내부 시설에 불만이 생기던 와중에 집주인과의 관계도 점점 불편해지면서 이 집을 얼른 떠나고 싶었다.

다행히 한 달 만에 같은 치지크 지역에서 더 나은 집을 구해 이사했다. 새집은 턴햄 그린(Turnham Green) 역에서 가까운 "옴스비 로지(Ormsby Lodge)"라는 1930년대에 지어진 57세대 규모의 아파트다. 낡은 외관에 비해 전자식으로 개폐되는 큰 현관문과 로비 공간, 엘리베이터를 갖추고 있다. 이전에 살았던 집과 비교하면 훨씬 고급스럽고 쾌적한 환경이었다.

157

CHAPTER 4 런던에 살어리랏다

집에서 턴햄 그린 역까지는 도보로 7분 거리였다. 듀스버리 코트처럼 5층짜리 건물이었지만, 이번에는 꼭대기 층이 아닌 1층이었다. 스튜디오 플랫은 한국의 원룸과 비슷하면서도 차이가 있었다. 설계가 꽤 체계적이었다. 화장실과 주방이 방과 분리돼 있었으며 방으로는 문을 한 번 더 열고 들어가는 구조였다. 이 덕분에 소음이 잘 차단되고 단열 효과도 뛰어났다. 큰 이중창 덕에 채광과 단열, 방음이 모두 만족스러웠고 겨울철에도 집 안은 따뜻했다. 붙박이 수납장이 있어 공간 활용도 좋았고 전자제품도 실용적인 사양으로 잘 갖춰져 있었다. 온수와 난방비가 임대료에 포함된 것은 큰 장점이었다. 교통 여건도 좋았다. 집 앞과 역 앞에 버스 정류장이 있어 학교와 런던 중심부로 이동이 편리했다. 게다가 턴햄 그린 역은 존 2와 존 3의 경계에 있어 요금 면에서도 이점이 있었다. 치지크 파크 역은 존 3라 요금이 조금 더 비쌌다.

새집으로 이사한 뒤에서야 치지크의 매력을 제대로 느낄 수 있었다. 가까운 거리에 개성 있는 펍, 음식점, 상점들이 다양하게 자리하고 있고 치지크 하이 로드까지도 멀지 않아 더 넓어진 생활 반경을 누릴 수 있었다. 치지크에서의 삶에 적응해 가며 유학 생활의 만족도도 한층 더 높아졌다.

인터넷 설치의
우여곡절

　9월 말에 옴스비 로지에 입주했지만, 인터넷은 10월 말에야 사용할 수 있었다. Broadbandchoices라는 웹사이트에서 우편번호를 입력하면 해당 건물에서 이용할 수 있는 인터넷 제공 업체와 요금을 비교할 수 있다. 조회 당시 이 건물은 OneStream만 이용할 수 있다고 되어 있었다. 속도는 67Mb급에 1년 약정 시 월 요금이 22파운드(약 3만 6천 원)로 비쌌다. 이사하고 3일 뒤에 신청했는데 실제 연결되기까지는 약 4주가 소요됐다. 한국에서는 상상하기 어려운 느린 진행 속도였다.

　나의 실수가 있었다. 신청 과정 중 라우터 대여 여부를 선택하는데 나는 한국에서 가져온 공유기를 사용할 계획이었고, 집 창고에도 여러 개의 라우터와 공유기가 있어 별도로 신청하지 않았다. 개통을 신청하고 열흘 뒤에 설치 기사가 방문했다. 그는 작업을 마친 뒤에 나보고 "라우터와 연결해 봐."라고 했다. 나는 포트를 보고 잠시 당황했다. 포트가 내가 알던 랜 포트와 달랐고 과거 전화선 포트와 비슷한 형태였다. 한국에서 가져온 공유기에는 연결할 수 없었는데 다행히 집에 있던 다른 라우터에는 연결할 수 있었다. 하지만 선을 연결한 뒤에도 인터넷은 접속할 수 없었다. 설치 기사가 다시 점검하더니 신호는 문제가 없다며 "라우터가 문제"라며 "왜 통신사 라우터를 신청하지 않았어?"라는 말을 남긴 채 자신의 작업은 끝났다고 떠나버렸다. 곧바로 통신사에 라우터 대여를 신청했다.

라우터 대여 요금으로 월 15파운드(약 2만5천 원)가 추가된다는 안내를 받았고 라우터는 10월 말이 돼서야 도착했다. 통신사 라우터에 연결하니 드디어 인터넷 접속이 가능했다. 온라인 수업이나 스트리밍 서비스 이용에 큰 문제가 되는 속도는 아니었다. 계약 기간은 설치 기사가 다녀간 날 기준으로 시작되었다. 그 이후로는 중간에 이틀 정도 잠깐 연결이 끊긴 적을 제외하면 큰 문제 없이 사용했다.

하지만 이사 나갈 때 다른 문제가 생겼다. 집 계약이 9월 27일 종료라서 9월 초에 통신사에 해지 가능 여부를 문의했다. 당시 상담사는 계약 종료일 기준으로 한 달 전부터 해지 신청이 가능하다고 안내하며 9월 16일 이후에 다시 연락 달라고 했다. 잊고 지내다가 이사 하루 전날인 9월 26일에 해지 신청을 했다. 그런데 통신사는 갑자기 해지 신청한 날로부터 한 달이 지나야 실제 해지가 된다고 했다. 안 그래도 초기에 라우터 문제로 늦게 개통되는 바람에 사용하지 않은 3주 치 요금을 더 낼 예정이었는데 거기에 열흘이 더 연장되어 버렸다. 첫 번째 채팅 상담 기록을 첨부하며 10월 16일 계약 종료를 요청했지만, 통신사는 이를 인정하지 않았다. 인터넷 요금은 그렇다고 치더라도 이미 9월 26일에 택배로 반납한 라우터 대여 요금까지 1개월 치를 추가로 부과했다. 반납 택배 비용도 12파운드(2만 원)나 했다.

처음에 라우터를 신청하지 않은 것은 나의 실수였지만 사용과 해지 과정에서 겪은 복잡하고 비합리적인 절차가 아쉬웠다.

오늘은 뭐 먹지?
유학생의 밥상

유학 기간 점심은 주로 학교나 근처에서 사 먹었다. 아침은 항상 해 먹었고 저녁도 약속이 없으면 대부분 요리해 먹었다. 냉장고가 작아서 많은 재료를 보관할 수 없었기 때문에 매주 장을 보는 것이 일상이 되었다. 처음에는 혼자 요리해 먹는 것이 재미있었지만, 시간이 지나고 학업이 바빠지면서 요리는 단순히 끼니를 해결하기 위한 행위가 되었다.

메뉴는 주로 한식이었다. 간단하게 볶음류, 각종 찌개, 고기구이, 간장 계란밥 같은 익숙한 메뉴들을 번갈아 해 먹었다. 라면과 즉석조리식품도 자주 활용했다. 밥을 해 먹는 것 자체는 어렵지 않았다. 군대에서 조리병으로  복무했고 한식 조리기능사 자격증도 소지하고 있다. 호주에서 워킹홀리데이로 체류할 당시 회전초밥집 주방에서 일한 경험도 있다. 결혼 전까지 6년간 자취 생활을 하면서 요리 행위를 즐기는 편이었다. 하지만 매일 혼자 해 먹다 보니 점점 흥미를 잃었다.

 동네에 여러 식료품점이 있어 필요한 재료는 쉽게 구할 수 있었다. 날씨가 좋거나 시간이 여유로울 때는 근방에서 가장 큰 마트인 세인즈버리를 찾곤 했다. 이곳은 신선한 채소와 과일을 저렴하게 판매했고 육류도 다양하게 구비되어 있었다. 이외에도 테스코, 웨이트로즈, M & S가 한 거리에 모

여 있어 원하는 품목에 따라 다르게 방문했다.

마트 외에도 정육점, 생선 가게, 청과물 가게가 있어 특정 재료가 소량 필요할 때는 이곳들을 이용했다. 각각 전문점인 만큼 더 다양한 품목이 구비되어 있었고 품질도 훨씬 좋았다. 영국의 장바구니 물가는 합리적이었다. 과일, 채소, 육류 모두 한국과 비교해 비싸지 않고 오히려 더 저렴한 경우도 많았다. 의외였던 점은 섬나라임에도 해산물을 구하기가 어려웠다는 것이었다. 대형 마트에서도 냉동 제품이 대부분이었고, 신선한 생물 해산물은 동네 생선 가게에 가야 겨우 구할 수 있었다.

한식 재료는 주로 한국 식료품점에서 구매했다. 런던 곳곳에 한국 식료품점이 많고 판매하는 품목도 다양해서 놀랐다. 집에서 가장 가까운 오세요(Oseyo) 해머스미스(Hammersmith) 지점을 자주 이용했다. 소호(Soho)에서 일정이 있을 때는 늘 마무리로 오세요에 들러 장을 보곤 했다. 배달이 가능한 한국 식료품점도 있다. 한국인 밀집 지역 뉴몰든(New Malden)에 있는 슈퍼맨 런던(Superman London)과 H Mart는 일정 금액 이상 구매 시 배달 서비스를 제공해 무거운 식료품을 구매할 때 유용했다.

일본 식료품점도 종종 이용했다. 곡물류, 팥빙수 재료, 해산물 등을 구매하기에 좋았고 한식 요리에 활용할 만한 재료도 많았다. 일본 식료품점은 대부분 유니데이즈(UniDays)나 스튜던트빈즈(Student Beans)를 통해 학생 할인을 제공하는 점이 좋았다.

조리도구와 식기류는 대부분 이케아에서 구매했다. 해머스미스에 있는 이케아 시티 매장이 가까워 종종 방문했다. 생활용품을 저렴하게 판매하는 로버트 디아스(Robert Dyas)와 학생에게 무료로 프라임(Prime) 혜택을 제공하는 아마존(Amazon)도 유용한 선택지였다.

외식은 특별한 일이 아니면 자주 하지 않았다. 가격에 비해 맛이 없는 경우가 많기 때문이다. 아내가 방문했을 때는 유명 레스토랑을 찾아 특별한 시간을 보냈지만, 평소에는 친구들과 햄버거나 피자처럼 간단한 음식을 먹거나 아시아 요리를 즐겼다. 한식당은 유독 더 비쌌다. 학교 근처 한식당에서 팔던 떡볶이는 약 13파운드(약 2만2천 원), 부대찌개는 2인 기준 40파운드(약 7만 원) 정도였고 찌개나 국밥 같은 단품 요리도 17파운드(약 3만 원)에 달했다.

치지크
미식 탐방기

내가 살았던 치지크에는 골목골목 숨은 맛집들이 많아 의외로 미식 경험을 하기 좋았다.

레스토랑

아반티(Avanti)

집에서 5분 거리에 있는 작은 레스토랑. 타파스에 와인 마시기 좋은 곳이었다. 졸업식 날 저녁, 아내와 함께 들러 둘만의 조촐한 만찬을 즐겼다. 파에야와 감바스 알 아히요 같은 스페인의 대표 요리를 스페인 스파클링 와인 카바(Cava)와 함께 즐기며 기분 좋게 졸업식 날의 밤을 마무리했다.

코투라(Cottura)

이곳에서 한 시간 넘게 떨어진 곳에 사는 동료가 추천한 파스타 전문점이다. 직접 반죽해 뽑은 생면 파스타는 식감부터 남달랐다. 샐러드부터 파스타, 후식까지 모든 메뉴가 훌륭했다. 특히 라구 파스타는 런던에서 먹은 것 중 최고였다. 친절하고 멋진 직원들, 맛있는 음식, 그리고 분위기까지 모두 만족스러웠다. 동료가 일부러 먼 길을 찾아가는 이유를 충분히 이해할 수 있는 곳이었다.

위슬링 오이스터(The Whistling Oyster)

우연히 지나친 골목에 자리한 해산물 바. 상호에 "Oyster"가 들어가 있어 굴을 좋아하는 나의 관심을 끌었다. 메뉴는 그날의 해산물 수급 상황에 따라 달라졌는데 굴만큼은 항상 준비되어 있어 이름값을 했다. 굴을 향미에 따라 구분해 판매하는 방식이 새로웠다. 설명을 들으며 음미하니 미묘한 차이를 더욱 선명하게 느낄 수 있었다. 새우 요리도 훌륭했고 영국산 와인을 합리적인 가격에 제공해 음식과 함께 즐기기 좋았다. 가격대는 다소 높았지만, 충분히 그 가치를 하는 곳이었다. 시끌벅적한 분위기 속에서 손님과 점원, 손님끼리도 자연스럽게 이야기를 나누는 모습을 보며 이곳이 단순한 식당이 아닌 동네 아지트처럼 느껴졌다.

스시 바 마코토(Sushi Bar Makoto)

런던에 일식당은 꽤 흔했다. 이곳은 턴햄 그린 역에서 가장 가까운 일식당인데 주방, 홀 직원 모두 일본인이어서 자연스럽게 신뢰가 갔다. 점심이든 저녁이든 언제나 붐볐고 특히 저녁 시간에 예약 없이 갔다가 발길을 돌린 적도 많았다. 초밥과 생선회부터 튀김, 덮밥까지 다양한 메뉴를 다 잘하지만, 그 중에서도 고슬고슬한 밥 위에 부드럽고 달짝지근한 장어구이가 올라간 덮밥은 언제나 만족스러웠다.

로콘(Rokkon)

위슬링 오이스터과 같은 골목에 있어 알게 된 이 일식당은 일본인 노부부가 운영하는 작은 가게다. 좌석이 8석뿐이라 식사하려면 운이 따라야 했다. 온라인 채널은 따로 없고 예약은 오직 전화로만 받았다. 아마도 그들의 체력 안배를 고려한 것 같았다. 포장 주문과 대기는 내부 상황에 따라 제한적으로 가능했다. 하지만 초밥, 생선회, 튀김 등 모든 메뉴가 완벽했다. 런던에서 경험한 일식 중 단연 최고로 기억에 남는다.

헤어 앤 토토이즈(Hare & Tortoise)

동네에서 일식을 먹고 싶은데 마코토와 로콘이 만석이면 대안으로 찾던 곳이다. 넓고 격식 없는 분위기에서 일식뿐만 아니라 다양한 아시아 음식을 즐길 수 있었다. 빠르고 안정적인 맛 덕분에 편하게 식사하기 좋은 곳이었다.

모든 음식이 특별히 뛰어난 맛은 아니었지만, 평균 이상은 했다. 우리나라의 김밥천국 같은 곳.

카페 & 디저트
포스트 룸(The Post Room)

집에서 가장 가까운 카페. 언제나 동네 주민들로 북적였다. 반려견을 데리고 와서 랩톱을 펴고 커피를 마시며 원격 근무를 하거나 자전거 동호인들이 운동 후 모여 담소를 나누는 모습 등을 통해 런던의 가장 일상적인 풍경을 관찰할 수 있었다. 빵과 샐러드는 물론, 커피도 훌륭했고 아늑한 분위기와 직원들의 친절함이 이곳을 더욱 편안하게 만들었다.

치프 커피(Chief Coffee)

집에 인터넷이 설치되기 전까지 와이파이를 사용하기 위해 자주 찾았던 카페. 골목 깊숙이 숨겨진 듯한 위치였지만 늘 손님들

로 붐볐다. 디저트가 맛있어 가끔 선물용으로 구매했는데 항상 반응이 좋았던 곳이다.

아티산 커피(Artisan Coffee)

근처에 사는 동료와 템스강변을 따라 장거리를 뛰고 귀가하던 길에 들르던 카페. 아침 운동 후 마시는 따뜻한 카푸치노 한 잔이 하루를 더욱 활기차게 만들어주곤 했다.

마리 델리 앤 다이닝(Mari Deli & Dining)

템스강변으로 이어지는 조깅 코스에 있는 이탈리안 음식점. 가게 앞 주차된 차 보닛 위에 과일과 채소가 담겨 있어 늘 시선을 끌었다. 이탈리아 출신 할아버지가 정성스럽게 만들어주는 카푸치노, 샌드위치, 쿠키가 참 맛있었다.

두치(Duci)

위슬링 오이스터 또는 코투라에서 식사를 마친 후 이탈리안 바이브를 이어가기 위해 들르던 젤라토 가게. 두 음식점 사이에 있어 자연스럽게 방문하게 됐다. 시칠리아산 레몬과 피스타치오 맛이 단연 최고였다. 배달도 가능해서 자주 시켜 먹었다.

펍

타바드(The Tabard)

턴햄 그린 역 바로 옆에 자리한 펍. 저녁이면 늘 지역 주민들로 북적였다. 금요일과 토요일 밤에는 주민들이 참여하는 밴드 공연이 열렸는데 손님들이 하나 되어 어우러지는 분위기가 낭만적이었다. 학생에게는 상시 20% 할인을 제공해 쉽사리 지나치기 어려웠다. 맥주 종류도 다양한 연령대와 취향을 고려해 판매하고 있어 골라 마시는 재미가 있었다. 갈 때마다 익숙한 얼굴의 손님들을 마주치는 게 신기했고 어느새 자연스럽게 내적 친밀감이 생겼다. 대부분의 여느 펍처럼 맥주 안주로는 맥주를 한 잔 더 곁들이곤 했다.

CHAPTER 5

런던을 즐기는 방법

도심 속
자연을 걷다
런던의 14개 공원 이야기

런던에는 공원이 참 많다. 어느 지역을 가도 동네마다 작더라도 공원이 꼭 있다. 마치 도시 속 자연의 쉼표 같은 역할을 한다. 때로는 잠깐 쉬었다 가고 때로는 산책로를 따라 뛰면서 자연을 즐겼다.

액튼 공원(Acton Park)

내가 가장 자주 갔던 공원이다. 집에서 1km 떨어진 곳에 있는 작은 공원. 한 바퀴가 약 1km 정도 돼서 조깅코스로 활용해 5~7바퀴를 뛰곤 했다. 적당한 오르막과 내리막이 반복되는 지형 덕분에 운동 효과가 좋았다. 관광지가 아니라 늘 한적했다. 어느 시간대에 가도 항상 뛰는 사람을 볼 수 있어 동기부여도 됐다. 단순한 조깅 코스를 넘어서 나만의 소소한 힐링 공간이었다.

거너즈베리 공원(Gunnersbury Park)

거너즈베리 공원은 집에서 조금 거리가 있어 시간이 여유로울 때만 갔다. 치지크과 브렌트퍼드 사이에 있다. 공원 안으로 들어가면 광활한 녹지가 펼쳐진다. 연못과 울창한 큰 나무가 멋진 풍경을 만들었고 축구장 등 다양한 체육 시설도 있다. 주말 오전이면 운동을 하는 가족 단위의 사람들로 가득했다. 종종 음악 축제가 열리면 공원 일부가 통제되기도 했다. 2023년 8월에 페기 구(Peggy Gou)공연이 열린 곳이기도 하다. 공연에 가진 않았지만 3km 정도 떨어진 우리 집에서도 창밖으로 그녀의 음악이 들려 신기했다.

리치먼드 공원(Richmond Park)

런던 남서쪽에 있는 유럽 최대의 공원 중 하나다. 집에서 멀지 않은 곳에서 광활하고 야생적인 자연을 경험할 수 있었다. 야생 사슴 무리를 가까이에서 볼 수 있다는 게 가장 큰 특징. 차량 속도가 느리게 제한된 지역으로

안전하고 여유로워서 자전거를 타거나 하이킹하는 사람들도 많다. 날씨가 맑은 날엔 세인트 폴 대성당(St. Paul's Cathedral)까지 보이기도 한다. 광활한 자연 속에서 힐링하기 좋은 장소다.

큐 정원(Kew Gardens)

세계유산으로 지정된 큐 왕립식물원. 입장료는 25파운드(약 4만 3천 원)로 다소 높은 편이다. 학생 할인은 만 29세까지만 적용돼 늦깎이 유학생은 섭섭했다. 정원은 희귀 식물과 꽃들로 가득했다. 워낙 공간이 넓어 모두 둘러보는 데에 꽤 많은 시간이 필요했다. "나무 위 산책로(Treetop Walkway)"에서 정원 전체를 내려다보는 전경과 멀리 펼쳐진 탁 트인 경치가 멋졌고 온실에도 볼거리가 많았다. 여러 개의 온실에서 열대식물부터 사막식물까지 다양한 식물군을 관찰할 수 있었고 개인적으로는 자연의 형태에서 영감을 얻는 시간이기도 했다.

레이븐스코트 공원(Ravenscourt Park)

치지크과 해머스미스 사이 주거지역에 자리한 작은 공원. 함께 달리던 동료와 만나던 장소였다. 주로 러닝을 위해 찾던 곳이라 오래 머무르지는 않았지만, 이곳을 지나칠 때마다 잔디밭에 앉아 쉬는 사람들과 자유롭게 뛰어노는 아이들의 생기 넘치는 모습을 보며 에너지를 얻곤 했다.

치지크 하우스 앤 정원(Chiswick House & Gardens)

치지크 지역에 있는 역사 깊은 공원으로 멋진 정원과 고풍스러운 건축물이 특징인 곳이다. 전형적인 영국식 정원 양식을 볼 수 있는 곳인데 애매한 위치 때문인지 늘 한적했다. 집에서 템스강변을 따라 장거리 달리기를 할 때 가끔 들러 쉬어가곤 했다.

홀랜드 공원(Holland Park)

집을 구하지 못해 임시 숙소를 전전하던 시기에 자주 산책했던 공원이다. 켄싱턴 근처라 늘 관광객들로 붐볐지만, 일본식 정원인 "교토 정원(Kyoto Garden)"이 있어 런던 안에서도 또 다른 이국적인 분위기를 느낄 수 있었다. 런던의 다른 공원들에 비해 아기자기한 느낌이 강했다. 디자인 박물관과 가까워 관람 전후에 들르기도 했고 학교에서도 가까워 바람 쐬러 가기에 좋았다.

켄싱턴 정원과 하이드 공원(Kensington Gardens & Hyde Park)

런던을 대표하는 명소 중 하나인 하이드 공원. RCA 켄싱턴 캠퍼스 바로 앞에 있어 자주 들렀다. 학교 위치의 큰 장점 중 하나였다. 공원의 외곽을 따라 한 바퀴 돌면 7km가 넘어 조깅 코스로도 좋았다. 말이 다니는 길이 따로 있어 경찰이 말을 타고 순찰하는 모습이나 승마를 배우는 아이들의 모습을 쉽게 볼 수 있었다. 큰 호수에서는 백조와 오리 같은 새들이 유유히 헤엄치고 잔디밭에서는 청설모가 사람들 가까이에서 어울리는 모습이 마치 동물원 같았다. 서펜타인 갤러리(Serpentine Gallery)를 비롯해 카페와 화장실 같은 편의시설도 잘 갖춰져 있어 피크닉 장소로도 훌륭했다. 햇볕이 좋은 주말이면 잔디밭에 돗자리를 깔고 여유를 즐기는 사람들이 많다. 겨울에는 놀이공원 "윈터 원더랜드(Winter Wonderland)"가 열려 이동식 놀이기구, 푸드트럭, 서커스 공연 등이 볼거리를 제공했다. 연말 분위기를 제대로 느낄 수 있는 런던의 대표적인 명소였다.

마운트 스트리트 공원(Mount Street Park)

메이페어 지역에 있는 규모는 작지만 아늑하고 유난히 고급스러운 분위기가 나던 공원이다. 평화롭고 고요한 시간을 보내며 휴식을 취했던 곳이다. 처음 방문했을 때 본 해 질 녘 풍경이 아름다워서 이후로도 자주 방문했다.

세인트 제임스 공원(St. James's Park)

버킹엄 궁전 근처에 위치한 공원으로 시내 한가운데서도 평화로운 풍경을 즐길 수 있다. 버킹엄 궁전 주변을 오갈 때 잠시 들러 쉬기 좋았다. 주영 한국 대사관이 여기서 멀지 않은 곳에 있다.

프림로즈 힐과 리젠트 공원(Primrose Hill & Regent's Park)

리젠트 공원은 내가 런던에서 좋아하는 공원 중 하나다. 2016년 처음 런던을 여행했을 때 매일 이곳에서 조깅했다. 리젠트 공원과 연결되는 프림로즈 힐은 런던 시내를 한눈에 내려다볼 수 있는 언덕이다. 날씨가 맑은 날 와인이나 맥주를 들고 동료들과 여유를 즐기기에 더없이 좋은 곳이었다. 때로는 혼자 찾아가 멍때리며 시간을 보내기도 했다. 런던에서 가장 낭만적인 곳 중 하나였다. RCA 개강을 하루 앞둔 날, 한국인 동료들과 맥주를 마시며 친목을 다졌던 곳이기도 해서 나에겐 유학 생활의 시작을 상징하는 장소이기도 하다.

햄스테드 히스(Hampstead Heath)

북런던의 드넓은 녹지로 유명한 공원. 부촌으로도 알려져 있다. 여름에 탁 트인 전망과 풍부한 녹지가 특히 좋았다. 단풍이 짙게 물드는 가을이나 꽃이 피는 봄에 가면 더욱 아름답다. 거리가 멀어 자주 가지는 못했다.

배터시 공원(Battersea Park)

배터시 캠퍼스와 가까워서 시간이 날 때 산책 삼아 들르곤 했다. 하이드 공원만큼이나 넓은 공원으로, 이곳에서 열린 5km 달리기 행사에 참여한 적도 있다. 주말마다 달리기 관련 행사가 자주 열리는 곳이다. 가을에는 가이 포크스(Guy Fawkes) 불꽃놀이로 유명하기도 했다. 다양한 행사가 자주 열려 활기찬 분위기를 느낄 수 있는 곳이었다.

그리니치 공원(Greenwich Park)

그리니치는 세계 표준시(GMT)의 기준이 되는 본초 자오선(Prime Meridian)과 천문대로 유명해 전 세계에서 많은 관광객이 찾는 명소다. 런던 중심부에서 다소 떨어져 있지만 여러 번 방문했다. 언덕 위에 자리한 넓은 공원 덕분에 카나리 워프(Canary Wharf)와 오투 아레나를 배경으로 한 멋진 도심 풍경을 감상할 수 있다. 봄철에는 벚꽃이 만개해 아름다운 꽃길이 펼쳐진다. 우버 보트를 타고 갈 수도 있어 이동하는 과정에서도 여행하는 기분을 느낄 수 있는 곳이다.

이 밖에도 런던에는 크고 작은 공원이 무수히 많다. 어디에서든 10여 분만 걸으면 공원을 마주칠 수 있었다. 커다란 나무들로 울창했고 잔디밭에서는 누구나 자유롭게 앉아 쉬거나 뛰놀 수 있었다. 반려견과 함께 산책하는 사람들도 많았고 청설모를 마주치는 일도 흔했다. 호수가 있는 공원에서는 다양한 새들을 가까이에서 관찰할 수 있었다. 공원은 사람과 동물 모두에게 삶의 일부였다. 저마다 오랜 역사를 간직한 런던의 공원들은 인위적이지 않고 자연스럽게 도시 속에 스며들어 있었고 각기 다른 매력을 지니고 있었다. 내게도 중요한 휴식처이자 많은 추억이 깃든 장소가 되었다. 바쁜 유학 생활 속에서 잠시 숨을 고를 수 있는 여유를 선사해 준 고마운 공간이었다.

100개의 전시,
깊어진 시선

인상적이었던 12개의 전시와 공간

유학 기간 영국을 비롯해 유럽에서 100개가 넘는 전시를 관람했다. 교내에서 열린 동료들의 전시부터 프리즈 런던(Frieze London) 같은 국제적인 아트 페어, 다양한 갤러리, 미술관, 박물관에 이르기까지 전시를 관람하고 기록하는 것은 내 일상이 되었다. 410일 동안 100개 이상의 전시를 본 것은 평균적으로 4일마다 전시장을 찾은 꼴이다.

초반에는 단순히 호기심과 관심으로 전시를 찾아다녔지만, 점차 전공과 연관된 연구 기반 전시, 한국에서는 쉽게 접할 수 없는 독특한 전시, 그리고 공간 자체가 매력적인 전시까지 폭넓게 경험하려 노력했다. 사실 작품 자체는 온라인을 통해 고해상도 이미지나 보도 자료로 더 선명하고 자세히 볼 수 있다. 하지만 공간의 분위기와 큐레이션에 담긴 의도는 현장에서만 온전히 느낄 수 있기에 직접 보는 경험이 더욱 특별했다.

내가 예술대학 석사 과정에 재학 중이긴 했지만, 동료들에 비하면 미적 감각이나 비평적인 시각 같은 예술적 소양이 부족하다고 느꼈다. 그래서 더욱 의식적으로 다양한 전시를 찾아다니며 관찰하고 학습하는 데 시간을 투자했다.

수많은 전시 중 기억에 남는 전시와 공간을 소개하고자 한다.

데본 턴불: 하이파이 리스닝 룸 드림 No.1과 기타 작업들
(Devon Turnbull: HiFi Listening Room Dream No. 1 & Other Works)

런던에 입국한 후 첫 번째로 방문한 전시였다. 같은 시기에 입국한 동료의 추천으로 함께 가게 되었다. 리슨 갤러리(Lisson Gallery)에서 미술 작품이 아닌 음악 감상 세션으로 구성된 색다른 전시를 경험했다. 내부 공간이 협소해 처음에는 서서 음악을 감상하다가 일부 관람객이 자리를 떠난 뒤에 편안히 앉아 음악에 집중할 수 있었다.

내부에는 대형 스피커와 오디오 장비가 설치되어 있었고 서양에서는 보기 드물게 좌식 형태로 신발을 벗고 바닥에 앉아 음악을 감상하는 방식이 독특했다. 주말 아침, 고음질의 음악에 몰입하며 하루를 시작하는 경험은 신선하고 특별했다. 음악을 선곡하던 데본 턴불은 세련된 옷차림과 감각적인 분위기로 시선을 끌기도 했다. 갤러리가 단순히 시각 예술을 감상하는 공간이라는 고정관념을 깨뜨린 계기였다.

머티리얼 매터스(Material Matters) 2023

매년 9월에 열리는 런던 디자인 페스티벌(London Design Festival)은 디자인과 관련된 다양한 전시와 행사가 펼쳐지는 대규모 축제다. 그중 옥소 타워 워프(OXO Tower Wharf) 근처 바지 하우스(Barge House)에서 열린 머티리얼 매터스 전시는 나에게 가죽과 지속 가능성에 대한 새로운 시각을 열어준 의미 있는 전시였다.

오래된 벽돌 건물 입구에 들어서기 전부터 특유의 어두침침한 분위기가 독특했다. 빗물에 젖은 외관은 세월의 흔적을 고스란히 드러냈고 내부 역시 그만의 매력을 지니고 있었다. 콘크리트와 철제 구조가 그대로 드러난 정돈되지 않은 공간, 벗겨진 페인트 자국, 훼손된 벽, 녹슨 철제 구조물들이 어우러져 과거 산업화의 흔적을 느끼게 했다.

바이오 재료, 재활용 소재, 내구성이 뛰어난 소재 등을 중심으로 지속 가능성을 탐구하는 작품들이 공간을 채웠다. 각 부스에는 디자이너와 작가들이 상주하며 작품에 대한 이해를 도왔다. 당시 나는 연구 주제를 정하지 못한 상태였는데, 이 전시를 통해 내가 익숙한 소재인 가죽과 새롭게 접한 키워드인 지속 가능성을 결합하는 아이디어를 얻을 수 있었다. 이 전시는 이후 내 연구 방향을 설정하는 데 중요한 계기가 되었다.

마리나 아브라모비치(Marina Abramović) 회고전

행위 예술가로 세계적인 명성을 지닌 마리나 아브라모비치의 회고전이 2023년 9월부터 2024년 1월까지 왕립 예술원(Royal Academy)에서 열렸다. 이 전시는 아브라모비치가 50여 년에 걸쳐 구축한 행위 예술 작품과 철학을 조명하며 그녀의 초기 작업부터 최근 작품까지의 여정을 포괄적으로 소개했다. 그녀는 가끔 전시장에 방문하는 것 같았다. 일부 동료들의 목격담과 사진이 소셜 미디어에 공유되기도 했다.

전시는 작가의 주요 퍼포먼스를 기록한 사진과 동영상을 중심으로 구성되었지만, 일부 작품은 현재 활동 중인 퍼포먼스 예술가들에 의해 시간대별로 재현되기도 했다. 퍼포먼스를 담은 사진과 동영상은 적절한 공간과 배치의 조화를 통해 관람객에게 몰입감을 주었다. 퍼포먼스 공간에서는 촬영이 엄격히 금지되었으며 "임폰데라빌리아(Imponderabilia)"와 "바다가 보이는 집(The House with the Ocean View)" 등 나체 상태의 예술가들이 행하는 퍼포먼스는 강렬한 인상을 남겼다. 이러한 장면들은 나뿐만 아니라 관객에게 불편함과 호기심을 동시에 불러일으켰다. 이번 전시는 분명 한국에서는 쉽게 접하기 어려운 형식과 내용이었다. 유학 준비 과정에서 마리나 아브라모비치의 작업에 대해 찾아본 적이 있었는데 회고전을 통해 작품 세계를 더욱 깊게 이해할 수 있었다.

프리즈 런던(Frieze London) 2023

프리즈 런던은 매년 10월 리젠트 공원(Regent's Park)에서 열리는 세계적으로 손꼽히는 현대미술 박람회다. 2023년은 프리즈 런던이 20주년을 맞이한 해로 10월 11일부터 15일까지 진행되었다. 전 세계 160여 개의 갤러리가 참가해 현대미술의 최신 동향과 작품을 선보이며 아트페어의 진수를 느낄 기회였다. 일반 입장료가 약 59.65파운드(약 10만 원)로 비쌌지만 충분히 가치가 있었다. 내가 좋아하는 리젠트 공원에서 열려 더 반갑기도 했다. 전시를 모두 보려면 넉넉한 시간과 체력이 필수적일 정도로 작품의 수와 다양성이 방대했다. 같은 기간 리젠트 공원 북쪽에는 역사적인 작품과 고전

미술을 다룬 프리즈 마스터스(Frieze Masters)가 열렸고 조각 전시(Frieze Sculpture)는 공원 내 개방된 공간에서 무료로 관람할 수 있었다. 넓은 리젠트 공원에서 입구를 찾는 것부터 난항이었지만 잔디밭 위에 임시 텐트를 세워 박람회를 여는 모습이 생소하면서도 흥미롭게 느껴졌다.

내가 방문한 날은 한국 단색화의 거장 박서보 화백의 별세 소식을 접한 날이기도 했다. 여러 갤러리에서 그의 작품을 전시하고 있었는데 작가 노트에는 여전히 살아계신 것으로 표기되어 있어 묘한 감정을 불러일으켰다.

프리즈 런던 관람을 통해 런던이 왜 현대미술의 중심지로 불리는지 실감했다. 2022년부터 서울에서도 열리면서 프리즈를 처음 알게 되었는데 런던이 오리지널이라는 점에서 꼭 한번 가보고 싶었다. 사진으로만 접했던 유명 작가들의 작품을 가까이서 감상하고 작품 앞에서 실시간으로 거래가 이루어지는 장면을 목격한 것도 신기했다. 전시장은 세계 각국에서 온 관람객들로 북적였다. 우연히 마주친 학교 동료들과 서로 다른 시각을 나누는 경험도 흥미로웠다. 여러 자극과 영감을 받은 시간이었다.

안토니 곰리(Anthony Gormley) 바디 폴리틱(Body Politic)

화이트 큐브 버몬지(White Cube Bermondsey)에서 열린 안토니 곰리 전시도 기억에 남는다. 다른 전공 동료들의 추천으로 함께 방문했다. 런던의 관광 명소인 타워 브리지와 버러 마켓(Borough Market) 근처에 있어 접근성이 좋았다. 무료 전시임에도 많은 작품이 전시되어 꽤 오랜 시간을 머물렀다.

196
꿈을 찾아 런던으로 떠났습니다

작품의 제작 과정을 담은 비디오가 상영되어 작품 이해에 큰 도움이 됐다. 재료의 제작부터 형태를 완성하기까지의 과정을 세밀하게 보여주었고 이를 통해 작가의 작업 철학과 표현 의도를 더 깊이 이해할 수 있었다. 사실 이전까지는 그의 명성에 대해 잘 알지 못했지만, 알고 보니 여러 곳에서 그의 작품을 마주쳤었다. 자주 가던 임페리얼 칼리지에도 그의 작품이 설치되어 있고, 마게이트 해변에서 보았던 철로 된 인간 형상의 조각 역시 그의 작업이었다.

그는 인체를 주제로 자연과 인간의 관계를 탐구하는 작가다. 이번 전시에는 다양한 크기와 형태의 인체 조각들이 전시되었는데 철과 석재 같은 무거운 재료를 사용하면서도 따뜻하고 부드러운 느낌을 만들어내는 점이 놀라웠다. 관람자가 작품 주변을 걸으며 가까이에서 관찰하고 공간을 직접 체험할 수 있도록 설계된 점도 좋았다. 그의 작품을 직접 보고 경험한 후 팬이 되었다. 인체를 표현하는 독창적인 방식과 조형적 탐구가 매력적이다.

에르빈 부름(Erwin Wurm) 써로게이트(Surrogates)

타데우스 로팍(Thaddaeus Ropac)에서 열린 에르빈 부름 전시는 우연히 관람했다. 선택 과목의 현장 학습으로 런던 시내의 여러 갤러리를 돌며 작품을 감상하던 날, 방문 예정 갤러리 목록에는 없던 곳인데 이동 중에 교수님이 이곳에도 좋은 전시가 있다고 추천하여 갑작스레 방문하게 되었다.

에르빈 부름은 비교적 최근에 알게 된 작가지만, 그의 작품은 여러 매체

를 통해 무심코 접한 적이 있었던 것 같다. 방문하기 며칠 전에 인스타그램에서 전시 소식을 접한 뒤 직접 보고 싶었던 터라 반가운 일정 변경이었다. 그의 작품은 주로 인체를 주제로 하는데 비슷한 주제로 작업하는 안토니 곰리와는 다른 접근 방식을 보인다. 과장된 부피감, 비정상적인 비율, 생동감 있는 색상은 독특한 유머를 담고 있어 시각적 즐거움을 주었다. 갤러리에 안토니 곰리 작품 몇 점이 상설 전시 중이어서 비교하는 재미도 있었다.

When Forms Come Alive(형태가 살아날 때)

헤이워드 갤러리(Hayward Gallery)에서 열린 이 전시는 먼저 다녀온 동료들이 "가볍게 동심의 세계로 돌아가 즐기기 좋은 전시"라며 추천해 줘서 찾아가 보게 됐다. 마침, 사우스뱅크 센터(Southbank Centre)는 RCA 졸업식이 열리는 장소이기도 해서 졸업식 전에 한번 가보고 싶었는데 겸사겸사 다녀왔다.

전시는 제목처럼 조형물들이 생명력을 가진 것처럼 보이거나 실제로 움직이며 관람객과 상호작용을 하는 작품들로 구성되어 있었다. 키네틱 아트를 포함해 다양한 매체와 형태의 작품이 전시되어 있었고 형태와 움직임이 주는 신선한 아이디어가 흥미로웠다. 단순한 시각적, 물리적 움직임뿐만 아니라 빛과 색상을 활용한 방식도 색다르게 느껴졌다.

관람하면서 "예쁘다.", "멋지다." 같은 감탄이 자연스럽게 나왔다. 키네틱 아트의 움직임은 관람객을 놀라게 했고 작품과 관객 사이의 상호작용이 전시의 즐거움을 더했다. 그 때문인지 아이를 동반한 가족 단위 관람객도 많았다. 가볍게 즐기면서 여러 가지 영감을 얻을 수 있었던 전시였다.

엔초 마리(Enzo Mari)

산업 디자인의 거장 엔초 마리의 전시가 디자인 박물관에서 열렸다. 학교 근처라 언제든 갈 수 있었기에 적절한 때를 노리고 있었다. 2학기 최종 발표가 끝난 날 오후, 기분 전환 겸 켄싱턴 하이 스트리트를 걷다가 방문했다. 평일 오후라 박물관은 한산했고 차분하게 전시를 감상할 수 있었다.

이 전시는 그의 스케치, 연구 과정, 그리고 상업적으로 성공한 디자인 제품까지 그의 작업 전반을 폭넓게 다뤘다. 이탈리아적인 감각이 드러나는 작품들이 시선을 끌었다. 엔초 마리는 강렬한 색감과 감각적인 디자인으로 일상적인 사물에도 특별함을 부여했다. 가구와 조명 같은 대형 디자인부터 주방 도구와 같은 소품을 보며 실용성과 아름다움을 동시에 추구하는 그의 철학이 엿보였다.

RCA 졸업 전시회

2024년 RCA 졸업 전시는 전공에 따라 각기 다른 일정과 장소에서 열렸다. 내가 속한 MRes 프로그램은 연구 기반의 논문 작성이 졸업 요건이라

별도의 졸업 전시가 없지만, 대부분의 전공은 실기 중심이어서 졸업 전시를 진행했다. 마지막 학기 동안 다른 전공 동료들이 전시 준비에 매진하는 모습을 곁에서 지켜봤기에 그 결과물이 궁금했다.

각 전공에 적게는 수십 명에 많게는 100명 이상이 소속되어 있어서 전체적으로 약 2,000명에 가까운 학생들이 졸업 전시에 참여한 것으로 추정한다. 나는 친분이 있는 동료들의 작품뿐만 아니라 시각적으로 흥미로운 작업을 위주로 살펴보았다. 지난 1년간의 연구와 작업을 통해 완성된 결과물들은 각자의 서사와 의도를 담아 높은 완성도를 보여주었다.

예술 & 인문 대학원(School of Arts & Humanities)

예술 & 인문 대학원의 졸업 전시가 배터시 캠퍼스의 여러 공간에서 가장 먼저 열렸다. 페인팅(Painting), 포토그래피(Photography), 세라믹 & 글라스(Ceramics & Glass), 주얼리 & 메탈(Jewellery & Metal), 컨템퍼러리 아트 프랙티스(Contemporary Art Practice), 컨템퍼러리 아트 큐레이팅(Curating Contemporary Art), 조소

(Sculpture), 프린트(Print) 전공이 참여했다. 가장 예술학교의 졸업 전시다웠지만, 졸업 논문 제출이 임박했던 시점이라 마음이 급해서 자세히 보지 못했다.

건축 대학원(School of Architecture)

건축 대학원 졸업 전시는 건축(Architecture), 환경 건축(Environmental Architecture), 도시 디자인(City Design), 인테리어 디자인(Interior Design) 전공이 참여했으며, 캠퍼스가 아닌 외부 공간인 트루먼 브루어리(Truman Brewery)에서 진행되었다. 스피탈필즈 시장(Spitalfields Market) 근처에 있는 이 공간은 대형 건축 전시를 열기에 적합한 장소였다. 건축 대학원이라 다소 딱딱한 분위기를 예상했는데 예술 & 인문 대학원 못지않게 감각적인 작업이 많았고 다양한 기술과 재료가 융합된 결과물들이 기대 이상으로 새로웠다.

디자인 대학원(School of Design)

디자인 대학원은 디자인 퓨처스(Design Futures), 디자인 프로덕트(Design Product), 패션(Fashion), 이노베이션 디자인 엔지니어링(Innovation Design Engineering), 서비스 디자인(Service Design), 텍스타일(Textiles) 전공이 참여했다. 가장 많은 인원이 참가한 전시로 기억한다. 배터시 캠퍼스에서 두 개의 파트로 나누어  진행되었다. 모든 작품을 꼼꼼히 살펴보지는 못했지만, 다채로운 디자인 분야를 아우르는 전시가 흥미로웠다.

커뮤니케이션 대학원(School of Communication)

커뮤니케이션 대학원의 졸업 전시는 애니메이션(Animation), 디지털 디렉션(Digital Direction), 인포메이션 익스피리언스 디자인(Information Experience Design), 비주얼 커뮤니케이션(Visual Communication) 전공이 참여했다. 전시는 세 개의 파트로 나뉘어 화이트 시티 캠퍼스에서 진행됐다. VR, AR을 활용하거나 관람객과의 상호작용을 유도하는 작품이 많아 공간과 시설의 제약으로 인해 통합

전시가 어려웠을 것으로 보였다. 예상과 달리 디지털 작업에 국한되지 않고 물리적 작업과 결합한 작품도 많아 다양한 형식의 시도가 돋보였다. 디지털 디렉션 전공의 일부 작품은 아우터넷 런던(Outernet London)에서 상영되었다. 세계 최대 규모의 360도 스크린 공간이라 궁금했던 곳인데 초대받아 다녀올 수 있었다. 5면을 가득 채운 대형 스크린에 작품이 펼쳐지자 압도되는 느낌을 받았다. 확연히 다른 몰입감이 있었다.

학교 앞 3대 박물관
- 과학 박물관, 자연사 박물관, 빅토리아 앤드 앨버트 박물관

RCA 켄싱턴 캠퍼스에서 도보 5분 거리에 과학 박물관(Science Museum), 자연사 박물관(Natural History Museum), 빅토리아 앤드 앨버트 박물관(Victoria and Albert Museum, V&A)이 있다는 것은 큰 축복이었다. 매일 등하굣길에 이 박물관들을 지나치며 역사적이고 웅장한 건축물을 바라보는 것만으로도 기분이 좋아졌다.

세 박물관 중 가장 자주 찾은 곳은 V & A였다. 과학 박물관과 자연사 박물관은 상대적으로 예술과의 연관성이 작아 자주 가지는 않았지만, 과학 박물관에서 혁신적인 발명품과 기술의 역사를, 자연사 박물관에서는 자연의 신비를 경험하는 것은 흥미로웠다. 반면 V & A는 예술과 디자인 관련 전시가 수시로 열려 자연스럽게 자주 갔다. V & A Plus Guest 멤버십을 보유한 동료 덕분에 여러 번 유료 전시를 관람할 기회가 있었다. V & A에는 다양한 멤버십이 있는데 이 멤버십은 연간 105파운드(약 18만 원)로 동반 1인까지 모든 유료 전시를 관람할 수 있었다.

내부 정원과 카페가 멋져서 기분 전환하러 가기도 했다. 고즈넉하고 차분한 시간을 보내고 싶을 때는 중앙 정원이 제격이었다. 카페에서 먹었던 아이스크림과 슬러시는 비쌌지만 평화롭고 여유로운 분위기를 고려하면 감당할 만했다.

바비칸 센터(Barbican Centre)

처음 바비칸 센터를 방문한 건 MRes 워크숍을 통해서였다. 바비칸이라는 이름을 처음 들었을 때 "바티칸"과 혼동했다. 이름만으로도 웅장함과 무게감이 느껴졌다. 브루탈리즘(Brutalism) 건축물로 유명한 이곳은 실제로 독특한 존재감이 있었다. 단단하고 과감한 형태가 눈에 띄지만, 오히려 이곳만의 특별한 분위기를 만들어낸다.

이곳은 단순한 건축물이 아니라 복합 문화 공간으로 전시장, 공연장, 도서관, 그리고 온실 같은 다양한 시설을 갖추고 있다. 또한 예술가들이 거주하는 주거 공간도 포함되어 있어 마치 도시 속 작은 커뮤니티 같다.

중앙에 자리한 인공 호수와 그 주변을 둘러싼 벤치는 햇볕을 쬐며 커피나 맥주를 즐기기에 완벽한 쉼터였다. 근처를 지나갈 때면 일부러 이곳에 들러 잠시 머물곤 했다. 무겁고 어두운 외관과는 달리 내부에서는 따뜻하고 평화로운 느낌을 받았다. 항상 적당한 인파가 있어 조용하면서도 아늑한 분위기가 있었다.

새티스파이러닝(Satisfyrunning) 달리기 행사 코스가 바비칸 센터를 한 바퀴 돌아나가게 됐는데 웅장한 건축물 사이를 무리 지어 달리는 경험은 공원이나 도로 위를 달릴 때와는 또 다른 색다른 경험이었다.

레이턴 하우스(Leighton House)

레이턴 하우스는 MRes 프로그램의 현장 학습을 통해 방문하게 되었다. 위치는 디자인 박물관 바로 뒤, 종종 갔던 홀랜드 공원과도 인접해 있었다. 이렇게 매력적인 장소가 가까이에 있다는 걸 전혀 몰랐다.

빅토리아 시대 화가 프레

데릭 레이턴 경(Sir Frederic Leighton)의 집이자 작업 공간으로 사용했던 곳으로, 현재는 박물관으로 운영되고 있다. 이곳에서는 빅토리아 시대의 예술과 건축, 그리고 그의 삶과 작품을 엿볼 수 있었다. 외관은 그저 오래된 벽돌 건물인데 내부로 들어서면 다른 세계가 펼쳐진다. 프레데릭 레이턴이 직접 설계에 참여한 공간은 화려하면서도 정교한 빅토리아 양식을 보여준다. 중동 스타일의 타일 장식으로 꾸며진 아랍 홀이 멋졌다. 위층의 화실은 사방이 투명한 창문으로 둘러싸여 자연광을 가득 받아들이는 낭만적인 작업실이었다. 작지만 잘 정돈된 정원도 매력적이었다. 잔디밭 중앙의 의자에 앉아 있으면 마치 시간이 멈춘 듯한 평온함이 느껴졌다. 전시 내용도 좋았다. 특히 1880년에서 1910년 사이의 런던 쇼핑 지도를 포함한 당시의 자료들은 빅토리아 시대 런던의 번영과 사회적 풍경을 엿볼 수 있었다.

클래식,
이제는 조금 알 것도 같은
6개 공연 관람기

영국은 전 세계적으로 유명한 가수와 밴드를 많이 배출한 나라다. 성인이 될 무렵부터 영국 음악을 즐겨 들었던 나로서는 유학 중 기회가 된다면 현지에서 그들의 공연을 직접 경험하고 싶었다. 콜드플레이, 샘 스미스, 아델 같은 비교적 최근에 활동 중인 대표 가수들의 공연을 기대했지만, 아쉽게도 유학 동안 런던에서 이들의 단독 콘서트가 한 차례도 열리지 않았다.

그러던 중 클래식 음악을 좋아하는 동료들의 추천으로 클래식 공연을 찾아보기 시작했다. 런던에는 세계적으로 유명한 공연장이 많고 공연도 자주 열리는 데다 가격도 비교적 저렴하니 꼭 가보라고 권유했다. 그렇게 또 새로운 세계에 첫발을 내딛게 됐다.

데니스 코츠킨(Denis Kozhukhin)

처음으로 예매한 클래식 공연은 한국인 피아니스트 임윤찬의 공연이었다. 푯값은 저렴했지만 아쉽게도 공연 5일 전 임윤찬이 부상으로 공연에 참여하지 못하게 되면서 데니스 코츠킨으로 피아니스트가 변경되었다.

졸업식 장소이기도 한 로열 페스티벌 홀(Royal Festival Hall)에서 로열 필하모닉 오케스트라와 데니스 코츠킨의 연주를 경험한 것만으로도 좋았다. 격렬한 연주를 보니 피아니스트들이 손을 다칠 가능성이 충분하다는 생각이 들었다.

조성진

얼마 뒤 같은 로열 페스티벌 홀에서 열린 한국인 피아니스트 조성진의 공연을 관람했다. 학생 할인을 적용하면 단 10파운드(약 1만 7천 원)로, 한 끼 식사보다 저렴한 가격에 관람할 수 있는 것은 장점이었다. 런던 필하모닉 오케스트라와 함께한 조성진의 연주는 개인적으로 앞서 경험했던 데니스 코츠킨의 공연보다 나에게 익숙한 곡들이 포함되어 있어 편하게 감상했다.

드미트리 쉬시킨(Dmitry Shishkin)

나에게 처음 클래식을 추천했던 동료는 공연장으로 위그모어 홀을 가장 좋아한다고 했다. 마침, 아내가 추천하기도 했던 러시아 피아니스트 드미트리 쉬시킨의 독주회가 이곳에서 열리는 걸 알게 되어 관람했다. 공연장 규모는 작지만, 외부에서부터 느껴지는 역사와 전통적인 분위기가 매력적이었다. 아담하면서도 아늑했고 덕분에 가장 저렴한 좌석임에도 연주자가 잘 보이고 소리도 매우 선명하게 들렸다. 피아노 독주는 오케스트라 협연과는 또 다른 매력이 있었다. 쉬는 시간에 남녀노소 할 것 없이 줄 서서 아이스크림을 사 먹는 모습이 재밌었다.

임윤찬

런던의 클래식 애호가들이 가장 좋아하는 계절은 여름이었다. 이 시기 BBC 방송국은 로열 앨버트 홀에서 BBC 프롬스(Proms)라는 이름으로 클래식과 다양한 장르의 공연 시리즈를 진행한다. 특히 2024년에는 임윤찬이 프롬스 데뷔 무대에 오른다는 소식이 전해지며 부상에서 회복한 모습을 확인할 수 있어 더욱 기대감을 높였다. 드디어 나도 그의 공연을 직접 관람했다.

프롬스 공연은 중앙에 입석 공간이 있어 독특했다. 클래식 공연과 입석이라는 조합이 쉽게 상상이 가지 않았는데 실제로 보니 더 이색적이었다.

클래식 공연답게 관객들은 숨소리조차 조심스러울 정도로 조용히 감상했다. 하지만 더운 날씨에 장시간 서서 관람하는 것이 쉽지는 않았던 듯하다. 공연 도중 세 명의 관람객이 탈진한 듯 쓰러졌고 의료진이 투입되기도 했다. 여러모로 잊을 수 없는 독특한 경험을 선사한 프롬스였다.

이 외에도 아내와 함께 본 프롬 72(Prom 72: Mozart, Farrenc and Beethoven's 'Eroica') 공연과 로열 페스티벌 홀에서 열린 The Best of John Williams 공연 또한 특별한 경험이었다. 프롬 72는 2024년 프롬스의 마지막 공연이었다. 여전히 클래식에 대한 깊은 이해는 부족했지만, 로열 앨버트 홀 특유의 웅장한 공간감 속에서 오케스트라가 만들어내는 감동을 충분히 느꼈다.

The Best of John Williams 공연은 〈스타워즈〉, 〈해리포터〉, 〈쥬라기 공원〉 등 익숙한 선율이 오케스트라를 통해 펼쳐지며 마치 영화를 보는 듯한 기분이 들었다. 지휘자는 곡마다 짧은 해설을 덧붙여 관객의 몰입감을 높였고 마지막에는 슈퍼맨 복장을 한 모습으로 등장해 객석에서 웃음이 터져 나왔다. 앞서 본 공연들이 비교적 차분하고 정적인 분위기였다면, 이 공연은 미소와 환호가 끊이지 않는 활기찬 분위기였다.

뜨겁게 울려 퍼진 음악,
오투 아레나의 떼창

리암 갤러거 30주년 콘서트 Definitely Maybe 30 Years

나에게 "영국 밴드" 하면 가장 먼저 떠오르는 이름은 단연 "오아시스 (Oasis)"였다. 고등학생 시절부터 그들의 음악을 즐겨 들었다. 군 복무 중 세 차례나 내한 공연이 열려서 제대 후 꼭 가보겠다고 다짐했는데 그 전에 그들이 해체하고 말았다.

해체 이후 두 보컬은 각자의 솔로 활동을 이어갔지만, 내가 좋아했던 메인 보컬 리암 갤러거는 형 노엘 갤러거에 비해 한국에서의 인기가 적어 단독 내한 공연이 단 한 차례뿐이었다. 반면 노엘 갤러거는 무려 일곱 번이나 내한하며 활발한 활동을 이어갔다. 그랬던 그가 2024년, 오아시스 데뷔 30주년을 기념하는 투어 콘서트를 연다는 소식을 접했을 때 너무 반가웠다. 당연히 런던에서 공연을 할 것이라 예상했기 때문이다. 런던 공연의 장소가 오투 아레나(O2 Arena)라는 것을 확인하고 망설임 없이 표를 예매했다. 졸업 논문을 작성하느라 한창 바쁜 시기였지만, 이 공연은 단순한 문화생활 이상의 의미가 있었다.

공연 당일, 오투 아레나와 그 주변은 마치 축제 현장 같았다. 노스 그리니치(North Greenwich)역에서 공연장까지 가는 길에는 거리 공연자들이 오아시스의 노래를 부르고 있었고 이미 취한 채 떼창을 하며 분위기를 띄우는 팬들도 많았다. 공연이 시작되자 관객들은 하나가 되어 열광적으로 노래를 따라 불렀고 공연장 전체가 강렬한 에너지로 가득 찼다. 특히 이날 리암 갤러거는 평소 부르지 않던 〈Don't Look Back in Anger〉를 불렀는데 팬들은 이를 특별한 의미로 받아들였다. 몇 달 뒤 공식적인 오아시스의 재결합 소식이 전해지며 전 세계 팬들을 설레게 했다. 이날은 단순히 영국 밴드 문화를 경험하는 데 그치지 않고 오래된 음악적 향수를 다시 불러일으켰다.

응원과 환호, 그리고 힐링의 순간들

11번의 축구 경기 관람기

축구는 내가 런던을 유학지로 선택한 중요한 이유 중 하나였다. 유학 전에 스페인, 영국, 독일, 이탈리아에서 직접 경기를 본 적이 있고 신혼여행 일정에도 축구 경기 관람을 포함할 만큼 축구를 좋아했다. 내 또래의 많은 한국인처럼, 나 역시 2002년 한일 월드컵을 계기로 축구에 더욱 빠져들었다. 직접 경기를 뛰는 것도, 관람하는 것도 모두 즐겨왔다. 2007년 맨체스터 유나이티드가 방한했을 때 공식 팬클럽 소속으로 경기를 관람한 뒤로 "언젠가는 꼭 영국 현지에서 경기를 보겠다."라는 목표를 세웠고 이후 유럽을 여행할 때마다 축구 경기를 보러 가곤 했다.

RCA 입학을 결정한 뒤에 특정 팀의 서포터가 된 내 모습을 상상하곤 했다. 런던에 있는 축구 클럽들의 시즌 티켓 구매 방법부터 찾아봤지만, 시즌 티켓은 원한다고 살 수 있는 게 아니었다. 먼저 멤버십에 가입한 뒤 대기자 명단에 이름을 올려야 하는데 기존 보유자에게 우선권이 주어져 평균 10년을 기다려야 한다는 사실을 알고는 바로 포기할 수밖에 없었다. 대부분의 팬은 멤버십에 가입 후 시즌 티켓 보유자가 내부 마켓에 내놓은 표를 정가에 사거나, 중개 거래 사이트를 통해 수수료를 내고 표를 구하는 방식을 택했다. 인기 팀이거나 중요한 경기일수록 가격은 정가의 몇 배까지 오르기도 했다. 멤버십은 언제든 가입할 수 있었기에, 일단 현지 상황을 보고 결정하기로 했다.

유학 기간 총 11번의 축구 경기를 직접 관람했다. 잉글랜드 프리미어리그(EPL) 7경기, UEFA 챔피언스리그 1경기, EFL 챔피언십 1경기, A매치 1경기, 프리시즌 친선 경기 1경기를 포함한 숫자다. 한 달에 한 경기씩 보겠다는 목표에는 미치지 못했지만, 충분히 값진 경험을 했다. 축구 경기 관람은 유학 생활 속에서 재충전의 시간이자 오랜 꿈을 실현하는 특별한 순간들이었다.

토트넘 훗스퍼 vs 맨체스터 유나이티드(EPL 23/24 2R)

런던에 도착한 지 사흘째 되던 날, 예정보다 이른 유학 첫 축구 직관이 이루어졌다. 개강까지는 아직 시간이 남아 있었고 주말이라 집 구하기도 잠시 멈춘 상태였다. 한편, EPL은 일주일 전에 막 개막한 참이었다. 아직 런던에 친한 사람이 없던 터라 긴 주말을 혼자 보내기엔 심심하고 아쉬웠다. 중개 사이트에서 런던에서 열리는 경기를 찾아봤지만, 표 가격은 터무니없이 비쌌다. 대신 커뮤니티에서 동행을 구해 중계방송을 틀어주는 펍에서 현지 분위기를 느껴볼 생각이었다.

CHAPTER 5 런던을 즐기는 방법

한 여행자와 연락이 닿아 토트넘 경기장 근처 펍에서 만나기로 했다. 그런데 경기 몇 시간 전, 그에게서 뜻밖의 연락이 왔다. 표를 두 장 구했는데 한 장을 살 생각이 있느냐는 것이었다. 심지어 정가보다도 저렴했다. 알고 보니 그 표는 여행 온 한국인 부자가 중개 사이트에서 구매한 것이었다. 당연히 나란히 앉을 줄 알았는데 좌석이 서로 멀리 떨어져 있다는 걸 확인하고 관람을 포기한 상황이었다. 그들은 경기 직전 표를 헐값에 양도할 수밖에 없었고 나는 예상치 못한 행운으로 현장에 들어갈 수 있었다.

자리는 골대 뒤 홈 서포터 구역이었다. 시즌 첫 번째 홈경기라 서포터들은 카드 섹션을 준비했는데, 내 자리에도 흰 종이가 놓여 있어 자연스럽게 참여하게 됐다. 경기 결과는 토트넘의 2:0 승리. 홈팬들의 뜨거운 환호와 응원을 온몸으로 체감할 수 있었다. 특히 이 경기는 손흥민 선수가 주장으로 선임된 후 치른 첫 번째 홈경기였기에 한국인으로서 뭉클하기도 했다.

이렇게 빨리, 그것도 큰 경기를 직관하게 될 줄은 몰랐다. 집을 구하는 과정에서 스트레스가 쌓여 있던 와중에 마치 가뭄에 단비 같은 경험이었다. 쌓였던 피로와 긴장이 한순간에 날아갔다.

첼시 vs 루턴 타운(EPL 23/24 3R)

첫 직관 6일 뒤, 두 번째 직관을 가게 되었다. 집 구하기는 여전히 지지부진했고 주말을 함께 보낼 만큼 가까운 동료도 여전히 없었다. 지난번처럼 펍 동행을 구해볼지 고민하던 중에 중개 사이트에 올라온 첼시 경기 표 가격이 정가와 큰 차이가 나지 않아 바로 구매했다. 이전 직관에서는 동행자가 표만 건네고 다른 일행과 가버리는 바람에 경기 전후로 내 사진을 남기지 못한 것이 아쉬웠다. 이번에는 사진도 서로 찍어주고 경기 후 맥주 한잔할 동행이 있으면 좋겠다고 생각했다. 마침, 첼시의 오랜 팬이자 워킹홀리데이 중인 분과 연락이 닿았고 좌석도 가까워 함께 관람하기로 했다. 그는 이미 세 번의 직관 경험이 있어 나에게 훌륭한 가이드가 되어주었다. 입장하던 중 외국인 두 명이 나를 붙잡고 사진을 찍어도 되겠느냐고 물었다. 자신들을 축구 관련 인스타그램 계정(@Versus) 운영자라고 소개하며 내 "아웃핏(Outfit)"을 찍고 싶다고 했다. 나는 등산복 차림이었는데 그게 재미있게 보였던 모양이다.

첼시 경기장은 토트넘과는 다른 분위기였다. 오랜 기간 증축과 보수를 계획했지만, 여러 이유로 무산되어 규모가 작고 시설이 낙후된 편이었다. 비싸기로 유명한 주택가에 있는 데다가 킹 헨리 8세 언덕에서 세인트 폴 대성당이 보여야 한다는 조망권 보호 규제도 장애물이었다. 덕분에 경기장은 더 몰입감을 주었고 전통과 역사가 느껴졌다.

상대 팀 루턴 타운은 처음으로 프리미어리그에 승격한 작은 팀이었다. 경기는 첼시가 오랜만에 압도적인 경기력을 보여주며 3:0으로 승리했다. 약 3개월 만의 공식 경기 첫 승리였기에 비교적 얌전한 성향으로 알려진 첼시 팬들도 거세게 환호하며 즐겼다.

경기 후에는 경기장 근처에 있는 홈팬 전용 펍을 찾았다. 입장할 때는 홈팬 여부를 확인하기 위해 경기 관람권을 확인하는 절차가 있었다. 경기에 이긴 덕분인지 펍 안은 응원가를 부르는 팬들의 함성과 열기로 가득했다.

아스널 vs 세비야(UEFA 챔피언스리그 23/24 조별예선 Match Day 4)

9월과 10월에는 학교에 적응하느라 바빠 경기를 보러 가지 않았다. 대신 11월에 기다려온 큰 경기가 있었다. 그동안 내가 직관한 경기는 모두 각국의 1부 리그 경기였다. 리그 최상위 팀들의 경기를 보긴 했지만, 그보다 더 높은 수준의 무대인 UEFA 챔피언스리그 경기를 꼭 한 번 경험해 보고 싶었다. 유럽 축구 팬이라면 누구나 소름이 돋는 순간이 있다. 경기 시작 전, 중앙에서 대회 로고 모양의 원형 배너가 펼쳐지고 그 위로 챔피언스리그 앤섬(Champions League Anthem)이 울려 퍼지는 장면이다. 한국에서는 새벽 경기 중계를 보며 그 주제가에 맞춰 잠에서 깨곤 했다. 그 장면을 경기장에서 직접 마주하는 건 오랫동안 버킷리스트에 품어온 소망 중 하나였다.

2023/24 시즌 챔피언스리그에 진출한 런던 연고 팀은 아스널이 유일했다. B조에 속한 아스널은 PSV, 랑스, 세비야와 조별 리그를 치르는데 그중 "유로파의 제왕"이라 불리는 세비야와의 홈 경기 관람권을 구매했다. 좌석은 가장 저렴한 꼭대기 층이었지만, 중개 사이트에서의 가격은 143파운드(약 24만 원)에 달했다. 16강에 진출하면 푯값은 더 오를 것이 분명했기에 이 경기가 가장 현실적인 선택이었다.

이 경기는 RCA 동료들과 함께 관람했다. 좌석은 서로 멀리 떨어져 있었지만, 경기 전후로 사진을 찍으며 추억을 남겼다. 한국 선수가 뛰지 않는 경기였음에도 불구하고 현장에는 생각보다 많은 한국 팬이 있었다. 특히 경기장 벽에 한글로 "우리는 잠들지 않습니다."라고 적힌 곳 앞에서는 여러 한국 팬과 자연스럽게 인사를 나누게 되었다.

경기 시작 전 챔피언스 리그 앤섬이 울려 퍼지는 순간은 감격스러웠다. 소름이 돋았고 경기장에 와 있다는 것을 실감했다. 경기는 홈팀 아스널의 2:0 승리로 마무리되었고 경기장 분위기는 최고조에 달했다. 챔피언스 리그 경기답게 수준 높은 플레이가 펼쳐졌다. 이전에 봤던 리그 경기들과는 또 다른 감동과 전율이 느껴졌다. 오랫동안 꿈꿔왔던 순간을 직접 경험한 잊을 수 없는 하루였다.

토트넘 홋스퍼 vs 본머스(EPL 23/24 20R)

2023년의 마지막 날, 아내와 함께한 직관 경기였다. 아내가 일찍부터 연말 방문을 계획하며 8월에 대행업체를 통해 프리미엄 좌석 관람권을 구매했다. 이유는 알 수 없지만, 정가보다 저렴했다. 프리미엄 좌석은 처음이라 기대가 컸다. 전용 입구를 통해 들어서자 넓고 세련된 로비가 펼쳐졌고 전에 와본 경기장이 맞나 싶을 정도로 전혀 다른 공간처럼 느껴졌다. 자본주의의 위력을 실감하는 순간이었다. 프리미엄 좌석 이용객은 경기 시작 3시간 전부터 종료 2시간 후까지 전용 라운지를 자유롭게 이용할 수 있었다. 경기 전에는 세 가지 종류의 식사가 무제한으로 제공되어 식사를 대신할 수 있었고 하프타임부터는 음식 대신 음료가 무제한 제공됐다. 탄산음료와 주스는 물론, 맥주, 와인, 위스키까지 모두 무료였다. 경기 종료 후에는 디저트까지 나왔다.

음식의 맛은 호불호가 갈렸다. 나는 준비된 메뉴를 한 접시씩 잘 먹었지만, 향에 민감한 아내는 거의 손을 대지 못했다. 라운지 내 다른 레스토랑은 이미 예약이 마감된 상태였고 일반석 푸드코트로는 출입할 수 없었다. 결국 아내는 감자 과자(Crisps)로 겨우 허기를 달랠 수밖에 없었다. 라운지에는 토트넘 출신 선수가 방문하는 때도 있다는데 이날은 만나지 못했다. 매치데이 책자가 무료로 제공된다는 사실도 뒤늦게 알아 부스로 달려갔지만, 마지막 남은 한 부가 내 눈앞에서 사라지는 모습을 지켜볼 수밖에 없었다. 프리미엄 좌석만의 다양한 혜택이 있는데 대행사가 이를 충분히 안내하지 않아 대부분은 직접 찾아보고 물어봐야 했다.

  프리미엄 좌석이 3층에 있는 것이 처음에는 의아했지만, 막상 앉아보니 최적의 자리였다. 선수들의 움직임이 선명하게 보였고 경기 흐름을 파악하기에도 좋았다. 경기 중반부터는 비가 내렸는데 마침 3층부터 지붕이 있어 비를 맞지 않았다. 일반석과 달리 좌석마다 컵홀더가 있는 것도 편리했다.

무엇보다 이날은 손흥민 선수가 출전하는 경기를 세 번째로 직관한 날이었는데 처음으로 그의 득점 장면을 직접 본 날이었다. 한 해의 마지막 날, 축제 같은 분위기 속에서 편안한 관람 환경까지 더해져 기분 좋게 마무리할 수 있었다.

퀸스파크 레인저스 vs 허더즈필드 타운(EFL 챔피언십 23/24 29R)

2024년 내 생일에 열린 경기. 우연한 기회로 관람하게 되었다. 이웃처럼 지내던 RCA 동료가 퀸스파크 레인저스(Queen's Park Rangers, QPR)와 프로젝트를 진행하면서 구단 측으로부터 무료입장권을 받았다고 했다. 공교롭게도 내 생일에 열리는 경기였고 동료는 그 표를 생일 선물 삼아 함께 가자고 제안했다.

QPR은 한때 박지성 선수가 주장으로 활약했던 팀이라 그 시절이 떠올라 반가운 팀이다. RCA 화이트 시티 캠퍼스 근처에 있어 익숙한 지역에 있다. 주로 2부 리그에 속한 팀이라 규모는 1부 리그 경기장들에 비해 확연히 작았다. 주거지역 한가운데 자리하고 있고 팀의 대표

색상이 파란색이라 첼시가 연상되기도 했다.

입장할 때 응원 스카프를 무료로 나눠줘서 마치 생일 선물을 받은 듯한 기분이 들었다. 경기는 내내 상대 팀에게 끌려가다가 후반 막판 극적인 동점 골로 1:1 무승부를 기록하며 끝났다. 잘 아는 선수도 없었고 두 팀에 대한 정보도 부족했지만, 경기장은 만석이었고 팬들의 열정은 대단했다. 하부리그 소속이라 상대적으로 인기가 적고 관심도 덜할 줄 알았는데 예상외로 진심 어린 팬들의 응원이 강한 인상을 남겼다.

토트넘 훗스퍼 vs 울버햄프턴 원더러스(EPL 23/24 25R)

2023~2024 시즌 중 한국 축구팬들이 가장 관심을 가졌던 경기. 손흥민 선수와 황희찬 선수의 맞대결이 펼쳐졌다. 불과 며칠 전만 하더라도 아시안컵 때문에 출전 여부가 불투명했지만, 대한민국 대표팀이 준결승에서 탈락하면서 두 선수 모두 소속팀에 복귀해 경기에 나서게

됐다. 이날 런던에 있는 한국인들이 모두 경기장에 모인 듯한 분위기였다. 내가 본 것만 해도 수백 명이었고 RCA 한국인 동료들도 대거 마주쳤다. 한국 중계진은 경기장에 입장한 한국인이 3천 명 이상일 것이라고 전했다.

경기는 토트넘이 울버햄프턴에 끌려가는 양상이었다. 손흥민 선수는 다소 부진했지만, 황희찬 선수는 울버햄프턴에서 돋보이는 활약을 펼쳤다. 최종 점수 1:2, 토트넘이 패배했다. 두 선수 모두 공격 포인트를 기록하지 못해 한국 팬들에게는 아쉬움이 남았다.

경기 종료 후 황희찬 선수는 홈팀 선수처럼 경기장을 한 바퀴 돌며 한국 팬들에게 인사했다. 한국을 대표하는 선수들이 세계 최고의 리그에서 주축으로 활약하는 모습을 보니 뿌듯했다. 이날 경기를 포함해 지금까지 총 13번의 축구 경기를 직관했는데 그전까지는 홈팀이 지는 경기를 한 번도 본 적이 없었다. 이날 처음으로 홈팀의 패배를 목격했다. 경기장을 감싸던 무거운 분위기는 낯설고 묘했다. 괜히 나도 힘이 빠지는 것 같았다.

잉글랜드 vs 브라질(A매치 친선 @웸블리 스타디움)

2024년 3월 A매치 기간에 "축구의 성지"라 불리는 웸블리 스타디움에서 본 경기. 축구 팬으로서 한번 가보고 싶었던 곳이었다. 이곳은 주로 영국 내 대회 결승전이나 잉글랜드 대표팀의 A매치가 열리는 곳으로 유명하다. 잉글랜드 대표팀은 이 기간 친선 경기를 두 차례 가졌다. 상대는 브라질과 벨기에. 프리미어리그에서 쉽게 볼 수 없는 브라질 선수들이 출전하는 점과 주말 경기라는 이유로 벨기에전보다 브라질전이 더 끌렸다. 대신 입장권 가격이 좀 더 비쌌다.

웸블리 스타디움은 특정 팀의 홈구장이 아니다 보니 분위기가 색달랐다. 2007년에 지어진 경기장이라 시설이 괜찮을 줄 알았는데 예상했던 것보다 낡았다. 높은 지대에 있어 경기장 밖으로 내려다보는 전망은 시원했고 빨간색으로 물든 관중석은 강렬한 분위기를 연출했다. 양 팀 모두 베스트 라인업은 아니었지만, 잉글랜드에서는 주드 벨링엄이, 브라질에서는 비니시우스 주니오르가 주목받았다. 경기 시작 전 군인들이 참여한 오프닝 세리머니도 멋졌다. 이날 총 83,674명의 관중이 입장하며 웸블리의 위용을 다시금 실감하게 했다.

경기는 다소 지루했다. 잉글랜드는 브라질에 0:1로 패했다. 직관한 두 경기 연속 홈팀이 패배하니 무기력해지기도 했다. 잉글랜드가 승리할 때 경기장에서 울려 퍼지는 응원가 〈Sweet Caroline〉을 미리 외워 갔지만 쓸모없었다.

경기가 끝나고 역으로 향하는 길은 인파로 가득 찼다. 하지만 영국에서 축구를 볼 때마다 철저한 안전 통제 방식에 감동했다. 질서 있는 대기와 안전한 운영 덕분에 큰 혼란은 없었다. 사람들은 불평 없이 여유롭게 기다리며 그 순간을 즐기는 듯했다. 이런 문화는 배울 점이 많다고 느꼈다. 경기 내용은 아쉬웠지만 축구의 성지 웸블리 스타디움을 직접 방문한 것만으로도 충분히 의미 있는 경험이었다. 프리미어리그에서 뛰지 않는 세계적인 선수들의 플레이를 직접 본 것도 좋았다.

첼시 vs 토트넘 홋스퍼(EPL 23/24 35R)

2학기가 끝나고 3학기 시작 전, 짧은 방학 기간이었다. 방학이었지만 대부분의 시간은 논문 작성을 위해 학교 도서관에서 보냈다. 프리미어리그는 어느덧 시즌 종료를 3주 앞두고 있었고 두 달 동안 직관을 가지 못한 것이 못내 아쉬웠다. 그러던 중 잠깐의 여유가 생겨서 망설임 없이 경기장을 찾았다. 평일 저녁 경기였기에 도서관에서 곧장 경기장으로 향했다. 최근 상승세를 이어가던 첼시와 달리, 토트넘은 부진한 흐름을 벗어나지 못하고 있었다. 예상대로 첼시가 압도적인 경기력을 펼치며 승리를 거뒀다.

첼시 팬들은 전통적으로 토트넘을 무시하는 응원 문화가 있다. 경기 내내 압도적인 분위기 속에서 토트넘 팬들을 향해 야유를 퍼붓고 집에 가라는 제스처를 취하는 첼시 팬들의 모습은 두 팀 모두의 팬이 아닌 나에게는 재밌었다. 경기가 끝나고 토트넘의 주장 손흥민 선수가 원정 팬 좌석을 향해 고개를 숙이며 인사하는 모습은 안쓰러웠다.

집으로 돌아가기 위해 역으로 향하던 길에 소매치기 현장을 목격했다. 한 남성이 여성의 휴대전화를 훔치려 했고 여성은 필사적으로 그를 붙잡고 있었다. 뒤따라오던 축구 팬들과 눈빛을 교환했고 마치 약속이라도 한 듯 자연스럽게 함께 달려가 소매치기범과 여성을 에워쌌다. 남성은 당황한 듯 휴대전화를 내던지다시피 돌려주고는 황급히 도망쳤다. 예상치 못한 순간에 전혀 모르는 축구 팬들과의 연대감을 깊이 느낀 경험이었다.

토트넘 훗스퍼 vs 번리(EPL 23/24 37R)

2주 전, 첼시 홈구장에서 토트넘이 패하는 모습을 본 뒤로는 이기는 경기를 보며 이번 시즌을 마무리하고 싶다는 생각이 들었다. 때마침 상대 팀은 강등권에 있는 번리였고 승리를 기대해 볼만한 경기였다. 마지막 직관이 될 수도 있다는 마음에 욕심을 내어 1층 좌석을 선택했다. 멤버십을 보유한 동료의 도움으로 정가에 1층 다섯 번째 줄 관람권을 예매할 수 있었다. 좋은 자리에서 관람하는 만큼 사진도 남기고 싶어 동행을 구했는데 마침 서로 좌석이 가까워 함께 경기 전 사진을 찍으며 기대감을 나눴다. 경기는 아슬아슬했지만, 토트넘이 2:1로 승리했다. 시즌 마지막 직관 경기에서 홈팀이 승리해서 기분이 좋았다. 경기 종료 후 토트넘 선수들이 서둘러 경기장을 떠나서 의아했는데 알고 보니 시즌 마지막 홈경기라서 팬에게 감사 인사를 하는 행사(Lap of Appreciation)가 예정되어 있었다.

236

꿈을 찾아 런던으로 떠났습니다

잠시 후, 감독과 선수들은 가족들과 함께 다시 등장했다. 천천히 경기장을 돌며 팬들에게 감사를 전하는 모습이 이색적이었다. 손흥민 선수는 어머니로 보이는 여성과 한 남성과 함께 모습을 드러냈다. 내가 기대했던 그의 아버지는 아니었다. 나중에 기사를 통해 그의 개인 트레이너라는 사실을 알게 됐다.

이 경기는 나에게도 특별한 의미가 있었다. 이번 시즌 개막 무렵 영국에 입국해 유학 생활을 시작했고 이때는 한창 졸업 논문을 마무리하던 시점이었다. 어느새 나 역시 한 시즌을 마무리해 가고 있다는 기분이 들었다. 학교에서도 우리를 "2023/24 기수(Cohort)"라고 부르는 만큼, 프리미어리그 2023/24 시즌은 내 유학 생활을 함께한 동반자처럼 느껴졌다. 영국 현지에서 프리미어리그 한 시즌을 온전히 즐길 수 있었던 것은 그 자체로 꿈 같은 경험이었다. 유학 생활의 끝이 가까워진다는 아쉬움과 동시에 이런 특별한 시간을 보낼 수 있었다는 것에 감사하기도 했다.

토트넘 홋스퍼 vs 바이에른 뮌헨(Visit Malta Cup 2024)

졸업식을 제외한 모든 공식 학사 일정이 끝나고 마지막 방학을 보내던 어느 주말이었다. 낮잠을 자고 있었는데 한 동료에게서 연락이 왔다. 지인의 가족이 토트넘 경기를 보러 가는데 가족 중 한 명이 불참하게 되어 빈자리가 생겼다는 것이었다. 나더러 대신 갈 의향이 있느냐는 물음에 축구를 좋아하는 나로서는 망설일 이유가 없었다. 상대 팀은 김민재 선수가 뛰는 바이에른 뮌헨이었다. 친선경기이긴 했지만, 놓치기 아까운 기회였다. 문제는 경기 시작까지 2시간 반밖에 남지 않았다는 점이었다. 집에서 경기장까지 1시간 반이 걸리는 걸 고려하면 촉박했지만, 서둘러 준비를 마치고 집을 나섰다. 덕분에 한 가족 틈에 끼어 경기를 함께 관람하는 뜻밖의 경험을 하게 되었다.

경기는 토트넘이 선제골을 넣으며 앞서 나갔지만, 최종 점수 2:3으로 역전패했다. 친선 경기였던 만큼 결과와 상관없이 경기장은 즐기는 분위기였다. 손흥민 선수와 김민재 선수가 상대 팀으로 맞붙는 모습을 직접 보니 신기했고 자연스럽게 애국심이 느껴지기도 했다. 토트넘의 전 주장 해리 케인이 경기장에 모습을 드러내자 홈팬들의 엄청난 환호가 이어지는 모습이 인상 깊었다. 전광판에 그의 얼굴이 비칠 때마다 박수와 환호성이 터졌고 팬들은 팀의 전설을 따뜻하게 맞이했다. 갑작스러웠지만 나를 초대해 준 가족과 연락을 준 동료 덕분에 또 하나의 좋은 추억이 생겼다. 다시 한번 감사를 전한다.

첼시 vs 크리스털 팰리스(EPL 24/25 3R)

2024/25 시즌 3라운드, 유학 기간 런던에서 마지막으로 본 축구 경기였다. 이날 나는 한 아이의 보호자가 되어 함께 관람했다. 아이의 부모님은 유학 동안 여러모로 나를 도와주셨던 분들인데 아이가 축구를 좋아하지만, 경기장에 가본 적이 없다고 해 감사의 의미로 내가 관람을 제안했다.

이 아이는 한국 기준으로 초등학교 5학년이었다. 내가 초등학교 4학년 때 처음 아버지와 축구 경기를 보러 갔던 기억이 떠올라 이 아이에게도 좋은 추억을 만들어주고 싶었다. 직관의 매력을 최대한 느끼게 해주기 위해 1층 좌석을 예매했다. 중계 화면 뒤에서 어떤 일들이 벌어지는지 알려주고 싶었다. 먼저 첼시의 역사를 엿볼 수 있는 클럽 숍을 둘러봤다. 경기장에도 일찍 들어가 선수들이 몸을 푸는 모습부터 각종 사전 행사를 함께 즐겼다. 특히 경기 시작 전에 제이든 산초 선수가 합류를 앞두고 팬들에게 인사를 하는 이례적인 이벤트가 있어 더 특별했다.

정작 경기는 다소 지루한 흐름이었다. 시간이 흐를수록 점점 거칠어졌고 홈팬들은 답답함에 선수들에게 욕설을 퍼붓기도 했다. 이 또한 축구 경기의 한 단면이리라. 최종 점수는 1:1 무승부. 홈팀이 승리했을 때의 뜨거운 분위기를 경험하지 못한 것은 아쉬웠다.

영국에서 주말 축구 관람은 가족과 함께하는 특별한 시간이라고 한다. 비록 내가 가족은 아니지만, 이 아이에게도 두고두고 기억에 남을 좋은 경험이 되었기를 바란다.

11번의 축구 경기 관람 그 순간들이 하나하나 생생하게 떠오른다. 각 경기는 당시의 삶, 함께한 사람들, 그리고 감정이 결합된 추억으로 남았다. 영국 축구 특유의 분위기, 팬들의 열광적인 응원, 그리고 경기장 안팎에서 경험한 순간들은 앞으로도 축구 경기를 볼 때마다 자연스럽게 떠오를 것이다.

테니스의 성지,
윔블던에서의 하루

윔블던 대회 10일 차 방문기

    테니스 팬이라면 누구나 방문을 꿈꾸는 윔블던 테니스 대회(The Champion ships). 그 10일 차 현장에 다녀왔다. 매년 7월 열리는 윔블던은 4대 그랜드 슬램 중 하나이며 가장 오래된 역사와 전통을 지닌 대회다. 7월이 되자 다양한 매체를 통해 대회 소식이 전해졌고 런던 곳곳에서 그 열기를 실감할 수 있었다.

    최종 구술시험을 마친 다음 날인 7월 10일, 새벽 첫차를 타고 윔블던 대회 10일 차 현장 매표에 도전했다. 예선부터 8강까지는 매일 현장 대기를 통해 입장권을 구매할 수 있다. 메인 코트(센터 코트, 1번 코트, 2번 코트)별로 각 500장을 현장에서 선착순으로 판매한다. 이 말인즉슨, 줄을 섰을 때 대기 번호가 1,500번 이내라면 메인 코트 입장권 구매를 기대할 수 있는 것이다. 그 외 3번 코트부터 18번 코트까지의 경기는 메인 코트 입장권을 구매했거나 매일 6,000장 판매하는 그라운드 입장권을 구매하면 관람할 수 있다.

    윔블던 대회장과 가까운 사우스필즈(Southfields) 역에 도착한 시각은 새벽 5

시 44분. 개찰구를 나오니 많은 사람들이 같은 방향으로 이동하고 있었다. 나도 자연스럽게 그 행렬에 합류해 대기 장소 "The Queue"가 있는 10번 주차장으로 향했다. 몇몇 사람들이 뛰어가길래 나도 덩달아 뛰었다. 대기 장소에는 K1으로 시작하는 표지판이 세워져 있었고 나는 K4에 설 수 있다. 줄을 서자마자 스튜어드(Steward, 현장 관리 요원)가 대기 번호가 적힌 큐 카드(Queue Card)를 나눠줬다. 내 번호는 1187번. 이날 주요 경기인 8강 단식은 센터 코트와 1번 코트에서, 2번 코트에서는 복식 경기가 열릴 예정이었다. 대기 번호가 1,000번을 넘어가서 아쉬웠지만 모두가 메인 코트 경기 관람을 하는 것은 아니었기에 작은 희망을 품고 기다리기 시작했다.

대기하는 사람들의 모습은 각양각색이었다. 텐트를 치고 밤을 보낸 사람들, 캠핑 의자 혹은 돗자리 위에 앉아 있는 사람들, 랩톱을 꺼내 일을 하거나 누워서 잠을 자는 사람들도 보였다. 나는 타폴린 재질의 쇼핑백을 방석 삼아 깔고 앉아 휴대전화를 보며 시간을 보냈다. 새벽 공기가 쌀쌀했다. 바람막이와 핫팩 덕분에 겨우 견뎠다.

7시 50분쯤 드디어 대기열이 움직이기 시작했다. 하지만 또 다른 줄을 서기 위해 잠시 이동하는 것이었다. 8시 25분에 스튜어드가 와서 잔여 입장권 옵션을 알려줬다. 센터 코트 입장권은 이미 매진됐지만, 다행히도 1번 코트를 선택할 수 있었다. 큐 카드 1187번으로 1번 코트 371번이 적힌 팔찌를 받았다. 매표소에서 팔찌를 보여주면 해당하는 코트의 입장권을 구매할 수 있었다. 9시 30분에 드디어 입장권을 손에 넣었다. 하지만 여기서 끝이 아니었다. 그라운드에 입장하기 위해 또 줄을 서야 했다. 10시 13분에서야 그라운드에 입장했다. 집을 나선 지 5시간 반이 지난 시점이었다.

이때부터는 줄 설 일이 없었다. 1번 코트 경기는 오후 1시부터 진행될 예정이라 그전까지 재충전 시간을 가졌다. 내부 지리를 익히며 숍들을 둘러봤고 4번 코트에서 한국인 주니어 선수 김장준의 경기를 응원하기도 했다. 점심 식사로 13.3파운드(약 2만 3천 원)짜리 피자를 먹었고 윔블던의 상징적인 간식인 스트로베리 앤드 크림도 맛봤다.

첫 경기가 시작되기 15분 전, 코트에 입장했다. 앞에서 다섯 번째 줄로 코트를 정면에서 바라볼 수 있는 좋은 자리였다. 주변 좌석은 모두 새벽부터 함께 기다렸던 사람들이라 서로 입장권 구매에 성공한 것을 축하했다.

첫 경기는 여자 단식 8강전 옐레나 오스타펜코(Jelena Ostapenko)와 바르보라 크레이치코바(Barbora Krejčíková)의 경기였다. 오스타펜코 선수의 랭킹이 더 높았지만, 경기 흐름은 점점 크레이치코바 쪽으로 기울었다.

생애 첫 테니스 직관이라 모든 것이 새롭고 신기했다. 특히 윔블던 특유의 전통을 직접 보는 게 즐거웠다. 윔블던의 상징적인 흰색 복장 규정, 경기의 흐름을 매끄럽게 이끄는 볼 키즈(Ball Kids), 그리고 육성으로 판정을 전달하는 라인 심판은 이 대회만의 고유한 요소였다. 또한, 비디오 판독을 요청하는 "챌린지(Challenge)" 상황에서 관중들이 박자를 맞춰 손뼉을 치며 결과를 기다리는 모습도 유쾌했다. 경기 중 관중들이 알아서 침묵을 유지하는 것도 인상적이었다. 선수가 서브를 준비할 때 소음이 발생하면 관중들이 자연스럽게 "쉬~" 소리를 내며 조용한 분위기를 만들고 이에 심판이 "Thank you."라고 응답한 뒤 경기가 재개되는 광경이 재밌었다.

전광판으로 다른 경기 상황을 확인할 수 있었는데 센터 코트에서 예정된 노박 조코비치(Novak Djokovic)와 알렉스 드 미노(Alex de Minaur)의 경기가 드 미노의 기권으로 조코비치의 승리가 됐다는 소식이 전해졌다. 센터 코트 입장권을 샀다면 매우 아쉬웠을 상황이었다.

첫 경기는 약 1시간 40분 만에 2:0으로 크레이치코바의 승리로 끝났다. 경기 후 크레이치코바의 장내 인터뷰가 있었고 관중들은 각자 휴식을 취하며 다음 경기 관람을 준비했다.

남자 단식 경기는 20분 뒤에 시작됐다. 로렌조 무세티(Lorenzo Musetti)와 테일러 프리츠(Taylor Fritz)의 경기였다. 프리츠가 랭킹이 더 높고 풍부한 경험이 있어서 우세할 것으로 예상됐다. 무세티는 떠오르는 신예 선수였다. 남자 경기는 시작부터 강렬했다. 여자 경기와 비교했을 때 힘과 기술의 차이가 두드러졌다. 서브 속도는 130mph(209 km/h)까지 기록되었다.

경기는 구름 한 점 없는 뜨거운 날씨 속에서 진행되었다. 기온은 30도에 달했고 남자 단식은 5세트로 진행되어 경기 시간이 더 길었다. 뜨거운 날씨 탓에 관중들은 지쳐가고 있었다. 맨 앞줄에서 관람하던 한 할머니가 열사병 증상을 보여 응급진의 도움을 받기도 했다. 관중들이 박수로 할머니의 회복을 응원하던 장면은 감동적이었다. 경기 중 새 한 마리가 코트 위로 날아들어 경기가 잠시 중단되는 해프닝도 있었다. 심판과 관중들은 새를 날려 보내려 하기보다는 기다리며 그 순간 자체를 즐기는 여유로운 태도를 보였다.

경기는 마지막 세트까지 이어지는 접전 끝에 무세티 선수가 3:2로 승리했다. 3시간 30분 동안 이어진 긴 경기였지만, 흥미진진한 플레이와 치열한 랠리 덕분에 한순간도 눈을 뗄 수 없어 화장실에도 가지 않았다. 이날 1번 코트에서 열린 두 경기는 모두 하위 랭커가 상위 랭커를 꺾는 이변의 경기였다.

두 경기를 다 보고 나오니 어느덧 저녁 7시가 가까워졌다. 약 14시간 동안 윔블던 대회 현장에 머물렀던 셈이다. 강렬한 도파민을 충전하는 시간이었다. TV 중계로는 느낄 수 없는 현장감과 열기 속에서 테니스의 매력을 온몸으로 체감했다.

런던을 달리다

유학 기간 꾸준히 한 운동은 달리기였다. 410일 동안 총 91회, 567km를 달렸다. 4.5일마다 6.2km씩 뛴 셈이다. 달리기는 장소나 날씨에 크게 구애받지 않고 자유롭게 할 수 있어 가장 실천하기 쉬운 운동이었다.

런던은 달리기 참 좋은 도시다. 대부분 평지인 데다 곳곳에 아름다운 공원이 있다. 대부분 건물의 높이가 낮아 탁 트인 시야와 개방감이 좋다. 그래서인지 런던 사람들은 새벽부터 밤까지 시도 때도 없이 달린다. 공원이나 강변에서 뛰는 사람을 마주치는 건 일상이다. 주말에 공원에 가면 어린아이부터 노인까지 달리기를 즐기는 "파크 런(Park Run)"을 흔히 볼 수 있었다.

달리기는 운동뿐만 아니라 홀로 생각을 정리하는 중요한 시간이기도 했다. 주로 아침에 달리면서 경험한 런던의 모습은 매번 새로운 영감을 주었다. 봄에는 향기로운 꽃들이 만발했고 여름엔 화창한 날씨 아래 선명한 빛을 머금은 식물들이 싱그러웠다. 가을엔 형형색색의 단풍과 낙엽이 풍경을 물들였고 겨울엔 특유의 우중충한 분위기가 깔렸다. 같은 코스를 달려도 계절과 날씨에 따라 전혀 다른 풍경이 펼쳐졌다.

단기 임대한 집에 사는 동안은 가까이 위치한 거너즈베리 공원을 주로 달렸다. 넓은 공원 안의 여러 갈래길 덕분에 거리와 코스를 다양하게 시도할 수 있었다. 최종 계약한 집에 정착한 뒤에는 액튼 공원이 단골 코스였다. 집에서 공원까지 1km, 공원 한 바퀴가 1km여서 몸 상태와 일정에 따라 거리를 조절했다.

달리기를 통해 새로운 사람들을 만나고 동료들과 교감할 기회도 생겼다. 가끔 다른 전공 동료와 함께 달리기도 했다. 중간 지점인 레이븐스 공원이나 템스강변을 코스로 삼았다. 템스강변을 달릴 때면 도파민이 치솟았다. 10km 이상의 장거리도 지치지 않고 계속 달릴 수 있었다.

파리 기반 러닝 브랜드 새티스파이러닝(Satisfyrunning)에서 주관하는 15~16km 거리의 LSD(Long Slow Distance, 장시간 천천히 장거리를 뛰는 방식) 행사에 두 차례 참여하면서 런던의 러닝 크루, 복장, 코스 등을 경험하며 런던만의 독특한 러

닝 문화를 체험할 수 있었다. 러닝으로 유명한 인플루언서, 크리에이터들과 함께 뛰며 대화를 나눈 것도 즐거웠다.

7월에 열린 London 10K 대회는 런던 달리기 경험의 하이라이트였다. 날씨는 맑았고 런던의 주요 관광 명소를 지나는 코스도 환상적이었다. 차량을 통제하고 도로 위를 달리는 기분이 너무 좋았다. 나는 이 대회에서 개인 10K 최고 기록을 달성했다.

짐은 가벼웠지만, 경험은 묵직했다

틈틈이 혼자 또는 동료들과 여행을 떠났다. 유학을 경험한 이들로부터 "여행을 충분히 하지 못한 게 가장 아쉽다."라는 말을 자주 들었다. 나중에 후회하지 않고 싶어서 기회가 있을 때마다 부지런히 다녔다. 여행은 또 다른 지혜를 얻는 시간이었다. 한국에서는 장거리 비행을 감수해야 갈 수 있는 도시들이 런던에서는 비행기나 기차로 한두 시간 거리였기에, 저렴한 비용에 훨씬 좋은 컨디션으로 여행을 즐길 수 있었다.

자율 학습 기간에 떠난 디자인 여행
- 벨기에 브뤼셀, 네덜란드 에인트호번, 암스테르담

1학기 자율 학습 기간에 동료들과 벨기에 브뤼셀과 네덜란드의 에인트호번, 암스테르담을 여행했다. 메인 목적지는 더치 디자인 위크(Dutch Design Week, 이하 DDW)가 열리는 에인트호번이었다. 브뤼셀에서는 짧은 시간 동안 감자튀김, 와플, 홍합 요리를 맛보고 세계 최대 맥줏집인 델리리움 카페(Delirium Café)

252
꿈을 찾아 런던으로 떠났습니다

에서 다양한 맥주를 즐겼다. 에인트호번은 도시 전체가 디자인 축제 분위기였다. DDW 관람을 통해 실용적이면서도 실험적인 네덜란드 디자인을 직접 경험할 수 있었다. 운하가 어우러진 암스테르담에서는 독특한 도시 풍경과 감각적인 매장들을 둘러봤다.

우울한 영국을 떠나 만난 낭만 - 포르투갈 리스본, 포르투

1학기가 끝나고 겨울 방학 때 포르투갈의 리스본과 포르투를 여행했다. 우울한 런던의 겨울을 벗어나 맑고 따뜻한 남유럽의 낭만을 느끼고 싶었다. 리스본에서는 테주(Tejo) 강변 산책, 현지 음식, 야경 투어와 파두(Fado) 공연으로 일정을 빼곡히 채웠다. 포르투에서는 포트와인 와이너리 투어와 야경 감상, 아줄레주(Azulejo) 타일로 장식된 건축물과 해리포터 배경지를 둘러보았다. 트램을 타고 바닷가로 나가 문어 요리와 포트와인을 곁들이며 여유로운 시간을 보냈다. 리스본과 포르투는 서로 다른 매력과 분위기를 지니고 있었다. 음식, 풍경, 날씨, 물가까지 모든 면에서 만족스러운 여행이었다.

폭풍과 결항, 그래도 아름다웠던 - 스코틀랜드 에든버러, 글래스고

크리스마스 연휴에 아내와 함께 스코틀랜드 에든버러와 글래스고를 여행했다. 박싱데이에 도착한 에든버러의 공기는 상쾌했다. 로열 마일과 성당, 에든버러성을 걸으며 도시의 역사와 분위기를 느꼈다. 칼턴 힐(Calton Hill)에서 바라본 노을 풍경이 하이라이트였다. 폭우와 강풍 속에서 떠난 하일랜드(Highlands)와 위스키 양조장 투어는 우여곡절이 많았지만, 위스키를 제대로 즐기는 방법을 배울 수 있었다. 태풍으로 항공편이 결항하며 갑자기 방문한 글래스고에서는 미술관과 대학교를 둘러보고 현지 음식을 즐겼다.

겨울 폭풍 속 당일치기 - 잉글랜드 스톤헨지, 바스, 코츠월드

여행 업체를 통해 스톤헨지(Stonehenge), 바스(Bath), 코츠월드(Cotswolds) 세 곳을 당일치기로 다녀왔다. 하지만 시속 40km에 달하는 강풍과 가로로 내리는 빗속에서 스톤헨지를 관람하는 것은 계획에 없었다. 바스에 도착했을 때 하늘이 잠시 개어 로만 바스(Roman Bath)를 여유롭게 둘러본 것은 다행이었다. 마지막으로 들른 코츠월드의 캐슬쿰(Castle Combe)은 전형적인 영국의 겨울 날씨 탓에 마을 전체가 어둡고 음울했다. 촉박한 일정 탓에 식사할 시간이 없어서 펍에서 위스키로 허기를 달래야 했다. 하루에 세 곳을 도는 일정은 역시 무리였다. 무엇보다 악천후 때문에 쉽지 않은 여행이었다.

알프스 보드 원정대 - 이탈리아 토리노, 밀라노

알프스 설원에서 스노보드를 타고 싶었다. 이를 위해 2학기 자율 학습 기간에 이탈리아 세스트리에레(Sestriere)를 찾았다. 약 11시간에 걸쳐 비행기와 세 편의 기차, 그리고 버스를 타고 도착한 토리노 동계 올림픽의 스키 슬로프. 알프스의 폭신한 자연설 위를 달리며 설경을 만끽하는 순간을 잊을 수 없다. 토리노에서 경험한 피에몬테(Piemonte) 전통 요리와 완벽한 바롤로(Barolo) 와인, 밀라노에서의 야경과 미식. 짧지만 밀도 높은 경험이었다. 이 여행은 매해 겨울마다 떠오를 듯하다.

기네스의 도시 - 아일랜드 더블린

부활절 연휴에 동료들과 함께 아일랜드 더블린을 여행했다. 이 여행의 테마는 "맥주"였다. 현지에서 마시는 신선한 기네스는 부드럽고 고소한 맛에 청량감까지 있어 기대 이상이었다. 기네스 스토어하우스, 템플 바(Temple Bar) 거리, 펍과 바 등 다양한 공간에서 맥주와 위스키를 즐기며 더블린을 만끽했다. 수륙양용차를 타고 도시와 강을 도는 바이킹 스플래시 투어는 예상 밖의 즐거움을 안겨주었다. 현지의 맛과 분위기에 흠뻑 취한 시간이었다.

43 Hours in Paris - 프랑스 파리

    2학기를 마치고 방학 중 1박 2일로 다녀온 파리. 루이비통 파운데이션 (Fondation Louis Vuitton)과 곧 폐쇄에 들어가는 퐁피두 센터(Centre Pompidou) 방문이 주 목적이었다. 센강과 에펠탑 야경을 배경 삼아 걸으며 파리의 감성을 잠시나마 되새길 수 있었다. 유행을 선도하는 편집숍과 런던에서 만나기 힘든 맛있는 음식이 반가웠다.

동료들과 함께 떠난 졸업 여행 – 잉글랜드 콘월

졸업을 앞두고 동료들과 함께 잉글랜드 콘월(Cornwall)에 다녀왔다. 세인트 아이브스(St Ives)의 해안 마을과 테이트 미술관(Tate St Ives), 해산물 요리까지 모두 만족스러웠다. "땅끝 마을" 랜즈 엔드(Land's End)와 썰물 때만 길이 열리는 세인트 마이클스 마운트(St Michael's Mount)의 풍경이 정말 아름다웠다. 우핸들 차량과 좌측통행, 왕복 1,200km의 장거리 운전은 쉽지 않았지만, 우리만의 자체 졸업 여행으로 유학 생활의 마침표를 멋지게 찍었다.

북유럽 감성 맛보기 – 스웨덴 말뫼, 덴마크 코펜하겐

북유럽 감성을 맛보러 스웨덴 말뫼(Malmö)와 덴마크 코펜하겐(Copenhagen)을 찾았다. 코펜하겐에서 당일치기로 다녀온 말뫼에서는 광장과 도서관, 공원을 거쳐 해안까지 걸으며 도심과 자연을 두루 경험했다. 바다 위에 떠 있는 공중욕장(Ribersborgs Open-Air Bath)에서의 사우나와 해수욕은 뜻밖의 신선한 체험이었다. 코펜하겐에서는 루이지애나 현대미술관(Louisiana Museum of Modern Art), 디

자인 박물관(Designmuseum Danmark), 운하 보트 투어를 통해 도시의 예술성과 여유를 느꼈다. 북유럽 특유의 정돈된 풍경과 고유한 디자인 언어는 도시 전반에 자연스럽게 스며 있었다. 어느새 모든 것을 런던과 비교하며 여행하는 나 자신을 발견했는데, 런던과 작별을 한 달 앞둔 시점이었다.

우여곡절 끝에 도착한 왕실의 도시 - 잉글랜드 윈저성, 이튼 칼리지

왕실의 도시 윈저(Windsor)와 이튼(Eton)에 당일치기로 다녀왔다. 철도 사고로 인해 기차는 윈저까지 가지 못했고 몇 정거장 전에서 대체 버스를 제공받았다. 하지만 윈저성(Windsor Castle) 인근에서 시위대가 도로를 점거하는 바람에 중간에 내려서 한참을 걸어가야 했다. 공항보다 엄격한 보안 절차를 거쳐 들어선 성 내부는 여전히 왕실이 사용하는 공간답게 인위적이지 않고 왕실의 격식을 잘 드러냈다. 세인트 조지 예배당(St. George's Chapel)에서는 엘리자베스 2세 여왕을 비롯한 왕실 가족의 묘소도 둘러보았다. 기대했던 롱워크(Long Walk) 산책로는 흐린 날씨 탓에 진가를 발휘하지 못했다. 명문 이튼 칼리지(Eton College)의 고풍스러운 교정은 영국 상류층 교육 문화를 엿볼 기회였다.

다뉴브 강 위 빛나는 도시 - 헝가리 부다페스트

마지막 해외 여행지로 헝가리 부다페스트(Budapest)를 선택했다. 국회의사당(Országház)과 어부의 요새(Halászbástya)의 야경은 기대했던 만큼 근사했다. 비를 맞으며 즐긴 세체니 온천(Széchenyi Gyógyfürdő)과 마가렛 섬(Margitsziget)에서의 러닝으로 몸과 마음에 활력을 채웠다. 나흘 동안 다양한 현지 음식을 맛보고 뉴욕 카페(New York Café), 부다성(Budavári Palota), 시장과 공원 등 도시 곳곳을 여유롭게 둘러보았다. 마지막 날엔 부다성에서 일출을 보며 조용한 새벽 풍경 속에서 여행을 마무리했다. 저렴한 물가, 풍부한 먹거리, 조용하고 아름다운 경관이 공존하는 도시였다.

유학 작별 여행 - 잉글랜드 브라이턴, 세븐시스터즈

　귀국을 앞두고 아내와 함께 브라이턴(Brighton)과 세븐 시스터즈(The Seven Sisters)로 여행을 다녀왔다. 여름 햇살 아래 펼쳐진 세븐 시스터즈의 절벽과 잔디밭은 눈앞을 압도하는 풍경이었다. 해안 도시답게 해산물 요리가 훌륭했고 의외로 아기자기한 골목들은 서유럽 소도시를 떠올리게 했다. 아내와 함께 영국 생활을 마무리하며 다가올 미래를 조용히 그려보는 교차점 같은 시간이었다.

CHAPTER 6

런던과
이별하는 중

RCA 졸업식, 또 하나의 끝

드디어 졸업하는 날, 아침부터 긴장과 설렘이 교차했다. RCA에서의 마지막 공식 행사이자 유학의 마침표를 찍는 순간. 졸업식을 맞이하는 순간이 오기까지 정말 많은 노력이 필요했다. 불과 1년여 전에 모든 걸 정리하고 런던으로 떠날 결정을 했던 순간이 떠올랐다. 그리고 마침내 졸업했다.

RCA의 졸업식은 이틀 동안 진행되는데 오전과 오후로 나뉘어 총 네 번 열렸다. 내가 속한 학업 개발 사무국(Academic Development Office)은 이름이 알파벳 A로 시작해 가장 첫 번째 순서였다. 건축 대학원(School of Architecture)과 같은 시간대에 진행되었다. 2024년 9월 17일 화요일 오전 11시, RCA 2024년 졸업생(Cohort of 2024)의 첫 번째 졸업식이 거행되었다.

졸업식은 오전 11시에 시작하지만, 가운 배부는 오전 9시부터라고 공지되었다. 졸업식이 시작하기 전에 동료들과 인사를 나누고 사진을 찍으려면 최대한 일찍 가운을 받아야 했다. 졸업식 장소는 사우스뱅크 센터(Southbank Centre)의 로열 페스티벌 홀(Royal Festival Hall). 1년 전까지만 해도 RCA의 졸업식은 켄싱턴 캠퍼스 옆 로열 앨버트 홀(Royal Albert Hall)에서 열렸었는데 2023년 1년 제 졸업생부터 장소가 변경되었다.

9시에 입구가 열렸고 서둘러 가운 배부 장소로 향했다. 배부 속도는 영국 특유의 여유로움 덕분에 매우 느리게 진행됐다. 학위와 프로그램별로 후드 색상이 달랐다. 내가 속한 MRes(Master of Research)는 자주색 후드였고 가장 많이 보였던 빨간색 후드는 MA(Master of Arts) 과정이었다. 박사 과정과 준석사 과정도 각기 다른 색상이었다. 후드를 수령한 뒤 옆에 마련된 스튜디오에서 유료로 기념사진을 촬영했다. 졸업장 모형을 들고 혼자 또는 여럿이 함께 사진을 남길 수 있는 공간이었다. 촬영 전 사진사가 복장을 정돈해주면서 잘못 고정했던 넥타이도 제자리를 찾을 수 있었다.

졸업식 좌석은 학위 과정과 이름의 알파벳순으로 배정되었다. MRes가 첫 번째 프로그램인 데다가 나의 영어 성이 C로 시작해 맨 앞줄에 앉았다. 시작을 앞두고 행사 관계자가 와서 우리가 올해 RCA 졸업식의 가장 첫 번째 졸업생이라고 말해주며 무대 위에서의 동작에 관해 설명했다. 모두가 우리를 보고 따라 할 것이므로 우리가 중요한 역할이라고 했다. 졸업식의 "Very First"라니, 순간 설렘이 배가 되었다.

곧 웅장한 음악이 울려 퍼졌다. 교수진과 주요 관계자들은 마치 의식을 치르듯 천천히 줄지어 입장했다. 개회사가 끝난 뒤, 졸업생들의 이름이 하나씩 불리기 시작했다.

내 이름은 다섯 번째로 불렸다. 예상과 달리 정확한 발음에 놀랐다. 천천히 무대 위로 걸음을 옮겼다. MRes를 대표해서 자리한 교수님과 인사를 나누고 무대 중앙으로 향했다. 무대 중앙에 도착해 안내받은 대로 제스처를 취했다. 그리고 저 멀리 관객석에 앉아 있는 아내를 향해 손을 흔들었다.

행사장 곳곳에 설치된 카메라가 졸업생들을 비추고 있었다. 전 세계에서 온 유학생들의 가족과 지인들을 위해 라이브 스트리밍이 진행되고 있었기 때문에 무대 위에서 내려올 때까지 표정 하나하나에도 신경을 썼다. 다시 내 자리에 앉으니, 가슴이 뭉클했다. 유학을 위해 고민하고 준비했던 날들,

새로운 환경에 적응하느라 힘들었던 순간들, 끝없는 연구와 논문 작업으로 달려온 날들, 그리고 지금, 이 순간까지.

정말, 끝이 났다.

졸업식이 끝나고 동료들과 삼삼오오 모여 사진을 찍으며 마지막을 기념했다. 가운을 입은 채 켄싱턴 캠퍼스로 이동해 로열 앨버트 홀, 앨버트 메모리얼, 그리고 캠퍼스 입구에서도 기념사진을 남겼다. 그리고 다시 졸업식장으로 돌아가야 했다. 가운을 반납해야 학위증을 줬기 때문이다. 봉투 안에 담긴 문서 한 장이 RCA에서 보낸 모든 시간을 증명하는 결과물이었다. 여러 감정이 몰려왔다. 기쁨과 아쉬움, 그리고 다시 새로운 시작을 준비해야 한다는 현실이 복잡하게 얽혀 있었다. 이제 더 이상 학생이 아니다.

다음 날에는 다른 대학원들의 졸업식이 이어졌다. 이번엔 관객의 입장에서 동료들의 졸업을 축하했다. 전날보다 훨씬 여유로운 마음으로 이 순간을 바라볼 수 있었다. 동료들과 함께 사진을 찍고 미래에 관해 이야기를 나누며 작별 인사를 했다.

RCA에서의 마지막 순간을 온전히 마무리했다. 이제, 새로운 길을 향해 나아갈 시간이다.

보증금 반환, 끝까지 받는다

유학 초기 가장 큰 스트레스였던 집 문제. 그래도 옴스비 로지에 정착한 후로는 큰 문제 없이 잘 지냈다. 정들었던 이 집과의 계약은 2024년 9월 27일 자로 만료되었다. 계약이 끝나기 두 달 전에 부동산에서 계약 연장 여부를 묻는 연락이 왔다. 당시에는 귀국 여부를 결정하지 않은 상태였지만, 졸업 후 영국에 남더라도 다른 집을 구할 계획이었기에 연장하지 않겠다고 답했다.

9월에 접어들면서 본격적으로 퇴실을 준비했다. 하지만 부동산으로부터 구체적인 절차 안내를 받지 못했다. 8월에 계약 종료를 경험한 동료들의 조언을 참고해서 3주 전에 퇴실 청소에 대해 문의했다. 부동산은 나를 대신해 청소 업체와 일정을 조율한 후 연락을 주겠다고 했지만, 2주가 지나도록 아무런 소식이 없었다. 퇴실 일주일 전, 다시 연락했더니 담당자가 퇴사했고 이전의 소통 내용이 인계되지 않았다는 황당한 답변이 돌아왔다. 급하게 새로운 담당자가 이어받았다. 다행히 청소 업체는 계약 만료일 당일 방문하는 것으로 조율되었고 청소 비용도 150파운드(약 25만 원)로 확정되었다.

청소 외에도 처리해야 할 일들이 많았다. 세금, 전기, 수도, 인터넷 등 공과금 잔금을 정산하고 계정을 종료해야 했다. 다행히 정착 지원 서비스 업체에서 무료로 도움을 제공했고 동료들의 후기를 참고해 무리 없이 마무리했다.

퇴실 일주일 전부터 본격적으로 짐을 싸기 시작했다. 한국으로 가져갈 짐, 중고로 판매할 짐, 그리고 버릴 짐으로 분류했다. 동네에서 "FREE TO TAKE" 문구를 붙이고 가구를 내놓는 모습을 자주 봐서 나도 건물 앞에 몇 개 내놓았더니 금세 누군가 가져갔다. 판매할 물건은 RCA 한인회와 런던 거주 한국인 오픈채팅방을 통해 처리했다. 팔리지 않은 물건들은 가까운 동료들에게 무료로 나눠줬다. 계약 만료 하루 전날, 한국으로 가져갈 짐을 가까이에 사는 동료의 집으로 옮겼다.

계약 종료 당일 아침, 부동산에 열쇠를 반납하기 전에 청소 진행 상황을 확인하려 잠시 집에 들렀다. 하지만 청소 업체는 예정 시간보다 30분이 지나도록 나타나지 않았다. 부동산에 열쇠를 반납하면서 이 사실을 알리고 확인을 요청했지만, 명확한 답변은 들을 수 없었다. 이후에도 청소가 제대로 이루어졌는지에 알 수 없었다. 곧 한국으로 돌아가는 상황에서 보증금을 얼마나 돌려받을 수 있을지 모르는 채 계약이 종료되는 건 찜찜한 기분을 남겼다. 이때부터 길고 긴 보증금 반환 과정이 시작되었다.

한국으로 돌아온 뒤에도 지속적으로 부동산과 집주인과 연락을 주고받았다. 한국, 영국, 미국 세 나라에 있는 사람들이 이메일로 소통하려니 시차 탓에 답장이 오가는 속도가 매우 느렸다. 보증금 반환 과정은 청소 확인, 체크아웃 리포트 확인, 공과금 완납 확인, 그리고 보증금 반환 순으로 진행됐다. 부동산은 내가 퇴실한 뒤 전문 청소 업체가 방문해 청소를 진행했다고 전했다. 이후 집에 방문해서 체크아웃 리포트를 작성했고, 이를 토대로 보증금에서 차감할 비용을 계산하는 절차를 거쳤다. 부동산에 열쇠를 반납할 때는 일주일 내에 리포트를 제공한다고 했는데 실제로 받기까지는 한 달이 걸렸다.

한 달 동안 수차례 연락을 시도했지만, 답변이 없었다. 한참 뒤에 돌아온 답변은 담당자가 휴가 중이었다는 말뿐이었다. 최종 체크아웃 리포트에는 집에 훼손된 부분이 없다는 내용이 기재되어 있었고 집주인은 이에 대해 이의 없이 최종 승인했다. 오히려 깨끗하게 사용해 줘서 고맙다는 인사를 했다. 청소비 외에는 추가 차감 없이 보증금이 반환될 것이라고 안내했다.

그로부터 3주 뒤에 "보증금 반환"이라는 내용으로 1,348파운드(약 2백3십만 원)가 입금됐다. 예상보다 290파운드(약 5십만 원)가 적은 금액이었다. 보증금 1,788파운드에서 청소비 150파운드를 제외하면 1,638파운드를 돌려받아야 했는데 차이가 생긴 이유를 알 수 없었다. 부동산에 보증금 차감 명세서를 요청했더니 청소비가 최초 안내된 150파운드가 아닌 220파운드로 기재되어 있었고 정체불명의 220파운드가 추가로 차감돼 있었다.

부동산에 청소비를 150파운드로 안내했던 이메일을 캡처해서 보냈더니 그제야 실수를 인정하며 잘못 차감한 70파운드를 반환하겠다고 했다. 그러나 추가로 차감한 220파운드는 확인해 보겠다고만 하고 다시 연락이 끊겼다. 한참이 지나서 담당자가 휴가 갔을 때 다른 직원이 송금 처리를 하면서 청소비를 중복으로 차감했다는 답변이 왔다. 문제는 여기서 끝나지 않았다. 부동산 측이 나에게 돌려줘야 할 금액을 실수로 집주인에게 송금하는 바람에 집주인이 다시 나에게 송금해야 하는 복잡한 상황이 벌어졌다. 게다가 이 오송금이 집주인에게는 수입으로 처리돼 세금 문제가 생겼다. 집주인은 이를 개인 비용으로 해결하고 부동산과 마무리하겠다고 했다. 이후 집주인이 남은 보증금을 두 차례에 걸쳐 보내줬지만, 어떤 이유에선지 2파운드를 적게 보냈다.

이때가 퇴실한 지 4개월이 지난 시점이었다. 남은 2파운드를 받겠다고 감정과 체력을 소모하며 부동산, 집주인과 더 연락하고 싶지 않았다. 나는 마지막 2파운드는 받지 않겠다고 전했다. 바로 다음날 부동산으로부터 보증금 반환 절차를 마무리하겠다는 이메일이 왔다.

이 모든 과정에서 영국 부동산 에이전트의 비전문적이고 무책임한 태도를 다시금 체감했다. 나는 이메일과 통화 기록 등 증빙 자료를 꼼꼼히 남겨둔 덕분에 대부분의 보증금을 돌려받을 수 있었지만, 의외로 많은 동료가 상당 부분 돌려받지 못했다고 했다. 부동산과 집주인이 유학생이나 워킹홀리데이 체류자를 상대로 법적, 언어적 허점을 이용해 비용을 부당하게 차감하는 것은 불편한 진실이었다. "신사의 나라"라 불리는 영국에서 유학하며 가장 불쾌했던 경험은 집을 구하는 과정과 보증금 반환 절차였다. 앞으로 같은 문제로 불필요한 피해를 겪는 이들이 없기를 진심으로 바란다.

후배 유학생을 위한 선배 유학생의 TIP

부동산과 계약 종료 최소 한 달 전부터 소통하자
퇴실 청소와 보증금 반환 절차를 사전에 협의할 것.

짐 정리는 중고 거래와 나눔으로 해결
한인회, 오픈채팅방, 커뮤니티 등을 적극 활용해 중고 물품을 판매하거나 필요한 사람에게 나눠주자.

보증금, 다 받을 수 있다
퇴실 전 집 상태를 사진으로 꼼꼼히 기록해두고, 부동산이나 집주인과의 연락은 항상 기록을 남기자. 차감 내역이 불분명하거나 문제 상황이 지속되면 분쟁 조정을 요청하자.

에필로그

돌아보면,
모든 순간이 빛났다

    런던은 단순한 유학의 배경지가 아니라 새로운 삶의 무대였다. 그곳에서 나는 한 사람으로서, 학생으로서, 그리고 연구자로서 다시 태어났다. 스스로 선택한 수많은 도전과 예기치 못한 난관들, 그 모든 과정이 지금의 나를 만들었다.

    나름의 경력과 안정된 삶을 뒤로한 채 먼 길을 택했다. 그 결정에는 설렘만큼이나 두려움도 따랐다. 하지만 런던에서 보낸 시간은 내 선택이 틀리지 않았음을 증명했고 나를 한층 더 성장시켰다. 정해진 길만을 따라 걷기보다는 때로는 모험이 필요하다는 걸 배웠다. 유학은 내게 그런 모험이었고 덕분에 더 넓고 깊은 세상을 만났다.

    유학하며 얻은 배움은 학문적인 지식이나 연구 방법론에만 국한되지 않았다. 무엇보다도 가장 크게 배운 것은 "균형"이었다. 혼자 살아가는 삶에서의 자율성과 책임, 열심히 노력하되 자신을 스스로 돌보는 법, 그리고 나와 다른 배경을 가진 사람들의 삶을 이해하고 존중하는 태도. 이 모든 것이 균형을 이루어야만 가능했다.

런던은 "문화의 용광로"라는 표현이 부족하지 않은 도시였다. 다양한 배경을 지닌 사람들과 함께 생활하면서 내 안에 남아 있던 편견과 한계를 마주했고 차츰 그것들을 허물어 나갔다.

런던은 때로 낯설었고 때로는 포근했다. 비를 맞으며 거리를 걷다 우연히 들른 펍에서 마신 맥주 한 잔, 늦은 시간 도서관에서 문득 창밖으로 바라본 로열 앨버트 홀의 야경, 축구장에서의 환호와 클래식 공연과 콘서트 관람. 100번이 넘는 전시 방문과 여행을 떠날 때마다 공항에서 느꼈던 설렘과 기대까지. 그 모든 순간이 촘촘히 얽혀 나만의 런던을 완성했다. 이 기간에 많은 여행을 다녔다. 런던이라는 거점을 통해 유럽 곳곳을 짧은 시간 안에 탐방할 수 있었고 여행은 또 다른 시야를 열어주었다.

유학하며 배운 것들은 앞으로 내가 어떤 선택을 할 때마다 바탕이 될 것이다. 그리고 그 선택은 나를 새로운 기회로 이끌어 줄 것이다. 더 넓은 세상 속에서 더 많은 사람들과 소통하며 앞으로도 나 자신을 계속해서 만들어 가길 기대한다.

런던에서 보낸 410일을 위해 그보다 두 배가 넘는 시간 동안 준비했다. 총 3년 9개월에 걸쳐 내가 원하는 목표를 설정하고 계획하고 그것을 현실로 만들어냈다. 전혀 다른 분야에 관심을 두고 배우며 그 분야에서 일하는 사람들을 만나고 낯선 나라와 환경에서 홀로 공부하며 쌓아온 시간은 내게 큰 성취감을 안겨주었다.

돌이켜 보면 큰 좌절이나 흔들림 없이 이 모든 여정을 무사히 마칠 수 있었다는 것 자체가 감사할 일이다. 앞으로 어떤 분야에 도전하든 어떤 일을 하든 꾸준히 노력한다면 잘 해낼 수 있을 것이라는 확신을 얻었다.

이 여정을 함께한 모든 이들에게 감사의 마음을 전하고 싶다.

함께 공부하며 고민을 나눴던 동료들은 매 순간 서로에게 자극이자 힘이 되어 준 존재였다. 그들과의 대화하며 새로운 시각을 배웠고 같은 길을 걷는 이들과 함께한다는 것이 큰 힘이 됐다. 연구자로서 한 걸음 더 나아갈 수 있도록 이끌어 준 교수진께도 감사드린다. 날카로운 피드백과 끊임없는 질문 덕분에 나 자신을 더 깊이 탐구할 수 있었다. 유학을 준비하는 과정에서 만난 선생님들과 인생의 선배들. 막연했던 목표를 현실로 바꿀 수 있도록 방향을 제시해 주었다. 그들의 도움이 없었다면 이곳까지 올 수 없었을 것이다. 그리고 유학 내내 따뜻한 응원을 보내준 친구들과 지인들. 때로는 안부 한마디가 큰 힘이 되었다. 무엇보다도 이 모든 과정을 묵묵히 지켜봐 주고 응원해 준 아내와 가족들에게 깊이 감사드린다.

이 모든 이들이 있었기에 끝까지 해낼 수 있었다. 받은 마음들을 오래도록 간직하며 앞으로 나 역시 누군가에게 좋은 영향을 주는 사람이 되고 싶다.

런던에서 보낸 시간은 이제 나의 일부가 되었다. 그곳에서 나는 매 순간을 후회 없이 보냈고 끊임없이 도전하고 배우며 끝내 해냈다. 앞으로도 계속해서 배우고 성장하며 또 다른 도전을 이어갈 것이다.